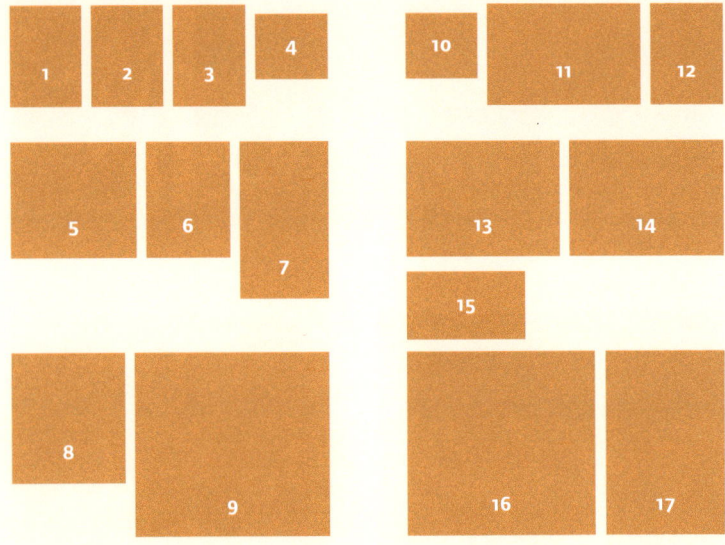

1 Michael Jackson
2 Elvis Presley
3 Stevie Wonder
4 zaz

5 Gianna Nannini
6 Robbie Williams
7 Herbert Grönemeyer

8 Cat Stevens
9 Rolling Stones

10 Avril Lavigne
11 Coolio
12 Adele

13 Bee Gees
14 Beatles

15 Queen

16 Abba
17 Rihanna

Songbuch

Ein Liederbuch
für den Musikunterricht
ab Klasse 5

Herausgegeben von Bernd Riede
in Zusammenarbeit mit der
Cornelsen Redaktion Musik

Songbuch

Zu diesem Songbuch gehören CDs mit Playbacks:

Songbuch CD 1–5
ISBN 978-3-06-083210-1

Herausgegeben von
Bernd Riede

Unter Beratung von:
Cornelia Blochmann, Leipzig
Rainer Butz, Ludwigsburg
Annette Hückstädt, Berlin

Weitere Mitarbeit:
Wolfgang Hengelhaupt, Berlin
Beate Krambs, Neusiß
Sylvia Melz, Leipzig
Barbara Mittenentzwei, Zwickau
Dr. Ulrich Müller, Berlin
Gerhard Sautter, Bad Gandersheim

Redaktion: Ute Kister
Layout und technische Umsetzung: Lisa Neuhalfen
Notensatz: Kontrapunkt Satzstudio, Bautzen
Bildredaktion: Peter Hartmann

www.cornelsen.de

1. Auflage, 4. Druck 2024

© 2012 Cornelsen Verlag, Berlin
© 2024 Cornelsen Verlag GmbH, Berlin

Druck: H. Heenemann, Berlin

ISBN 978-3-06-083098-5 (Ausgabe Ost)

ISBN 978-3-06-064213-7 (Ausgabe West)

Inhaltsverzeichnis

Vorwort

Dieses Songbuch ist eine umfassende Neubearbeitung des alten.
Der überwiegende Teil der Songs wurde ausgetauscht.

Bei der Liedauswahl wurde besonderen Wert gelegt auf
– leichte Singbarkeit, z. B. durch geringen Stimmumfang,
– stilistische, zeitliche, inhaltliche und regionale Vielfalt sowie
– auf wertschätzende Texte.
Viele der abgedruckten Lieder besitzen einen ganz geringen Stimmumfang. Sie sind
im Inhaltsverzeichnis markiert. Bei Liedern mit großem Stimmumfang sind leichter zu
singende Alternativen angegeben. Bei vielen Songs findet sich eine einfache zweite
Stimme.
Außer deutschen und englischen Songs wurden auch Titel mit französischen, spanischen
oder italienischen Texten aufgenommen sowie Songs von russischen und türkischen
Interpreten.

Verlag und Herausgeber freuen sich über Kritik und Anregungen.
Viel Spaß beim Singen!

Bernd Riede

Der Herausgeber und Autor
Dr. phil. Bernd Riede ist Fachbereichsleiter für Musik an einem Berliner Gymnasium. Er studierte
Schulmusik, Musikwissenschaft, Politologie, Philosophie und Italienisch in München, Heidelberg
und Berlin. Er ist Autor verschiedener musikpädagogischer Bücher und zahlreicher Aufsätze.
Seit 1980 ist er Lehrbeauftragter für Musiktheorie an verschiedenen Hochschulen. Etliche Jahre
war er Mitglied in Rahmenplan-Kommissionen für Musik.

Alphabetisches Liedverzeichnis

Legende:

A anderer Songtext in den Anmerkungen
M Lied aus Musical oder Film
f französischer Text
i italienischer Text
s spanischer Text

2 zweistimmig
3 dreistimmig
☺ leicht zu singendes Stück,
   Umfang höchstens eine Sexte

⊚ = Playback
𝅘𝅥 = 115 = Originaltempo
   des Songs
1|5
↗ S. 189 = Verweis auf
   Anmerkungsteil

Alles nur geklaut

♩ = 160

1. Ich schrei-be ei - nen Hit,___ die gan - ze Na - ti -
2. ⁊ Ich bin tie-risch reich,__ ich fah - re ei - nen
3. Ich will dich gern ver - führ'n, doch bald schon mer - ke

on__ ⁊ 𝄽 kennt ihn schon. ⁊ Al - le
Benz,_ der in der Son - ne__ glänzt. Ich hab 'nen
ich,__ das wird nicht leicht für__ mich. Ich geh mit

sin - gen mit,___ ⁊ ⁊ ganz laut im Chor,_ ⁊ das
gro-ßen Teich__ ⁊ und da - vor ein Schloss_ und ein
dir spa - zier'n__ und spre-che ein Ge - dicht__ ⁊ in

geht ins Ohr._____ Kei - ner kriegt da - von__ ge - nug
wei - ßes__ Ross._____ ⁊ Ich bin ein gro - ßer Held
dein Ge - sicht._ Ich sag, ich schrieb' es nur__ für dich,

__ al - le hal - ten mich_ für klug,___ ⁊
__ und ich rei - se um__ die Welt,__ ich
__ 𝄽 und dann küsst_ du mich,__ ⁊

hof - fent - lich__ merkt kei - ner den Be - trug.__
wer - de im - mer schö - ner durch mein Geld.
denn zu mei - nem Glück__ weißt_ du nicht:____

𝄋 d

Denn das ist al - les nur ge - klaut, 1.–3. das ist
Doch das ist al - les nur ge - klaut, **Schlussrefrain:** das ist
⁊ Das ist al - les nur ge - klaut,

6

(18) B   d

al - les gar nicht mei - ne,   das ist al - les nur ge - klaut,
al - les gar nicht dei - ne,   das ist al - les nur ge - klaut,

22 B

doch das weiß ich nur ganz al - lei - ne.   Das ist al - les nur ge -
doch das weißt du nur ganz al - lei - ne.   Das ist al - les nur ge -

25 F   C   d   A   C

klaut und ge-stohlen, nur ge - zo-gen und ge-raubt. Ent - schul-di-gung, das
klaut und ge-stohlen, nur ge - zo-gen und ge-raubt.   Wer

(27) A   **| 1. d**   C   A   d   **‖ 2. d**

hab' ich mir er - laubt.   laubt?
hat dir das er -

32 C   A   C   A   d

Ent-schul-di-gung, das hab' ich mir er - laubt.

36 **| 3.**   N.C.   *fine*

laubt.   Ent-schul-di-gung, das hab' ich mir er - laubt.
laubt?   Wer hat dir das er - laubt?

39 d   d   B   B   d

Auf dei - nen Hei - li - gen - schein fall ich

45   B   d

auch nicht mehr 'rein, __   denn auch du hast, Gott sei

49   A

Dank, ga-ran-tiert noch was im Schrank   und das ist al - les nur ge -

dal ℅ al fine

T und M: Tobias Künzel | Interpreten: Die Prinzen, 1993

7

Als ich fortging

♩ = 104

1|2

1. Als ich fort-ging, war die Stra-ße steil, kehr wie-der
2. Als ich fort-ging, war der As-phalt heiß, kehr wie-der
3. Als ich fort-ging, war'n die Ar-me leer, kehr wie-der
4. Als ich fort-ging, kam ein Wind so schwach, warf mich nicht

um. Nimm an ih-rem Kum-mer teil, mach sie_
um. Red ihr aus um je-den
um. Mach's ihr leich-ter, ein-mal mehr nicht so_
um. Un-ter ih-rem Trä-nen-

_ heil._ Preis, was sie weiß.
_ schwer. dach war ich schwach.

1. Nichts ist un-end-lich, so sieh das doch
   Feu-er brennt nie-der, wenn's kei-ner mehr
2. Nichts ist un-end-lich, so sieh das doch
   Nichts ist von Dau-er, was kei-ner recht

ein. Ich weiß, du willst un-end-lich sein, schwach und
nährt. ⁊ Kenn' ja sel-ber, was dir
ein. Ich weiß, du willst un-end-lich sein, schwach und
will. ⁊ Auch die Trau-er wird da

_ klein. heut wi-der-fährt.
_ klein. sein, schwach und klein.

da capo
(3. Strophe)

T: Gisela Steineckert | M: Dirk Michaelis | Interpreten: Karussell, 1989

Alt wie ein Baum

♩ = 104

1|3

Alt wie ein Baum möch - te ich wer - den, ge - nau, wie der
Alt wie ein Baum möch - te ich wer - den mit Wur - zeln, die

Dich - ter es be - schreibt. Alt wie ein Baum mit ei - ner
nie ein Sturm be - zwingt. Alt wie ein Baum, der al - le

Kro - ne, die weit, weit, weit, weit, die weit_____ ü - ber Fel - der
Jah - re so weit, weit, weit, weit_____ küh - len - de Schat - ten_____

zeigt. bringt. Al - le mei - ne Träu - me, yeah, fang ich da - mit

ein, yeah, al - le mei - ne Träu - me, yeah yeah yeah, zwischen

Him - mel und Er - de zu sein, zwischen Him - mel und Er - de zu sein.

T: Burkhard Lasch | M: Puhdys | Interpreten: Puhdys, 1976

Die **„Puhdys"** sind eine deutsche Rockband. Sie wurde 1969 gegründet und zählt zu den bekanntesten Gruppen der DDR. Ihr Name leitet sich aus den Anfangsbuchstaben der Vornamen der Mitglieder ab. Sie verkauften bis 1990 fast 20 Millionen Alben.

Another day in paradise

1|4

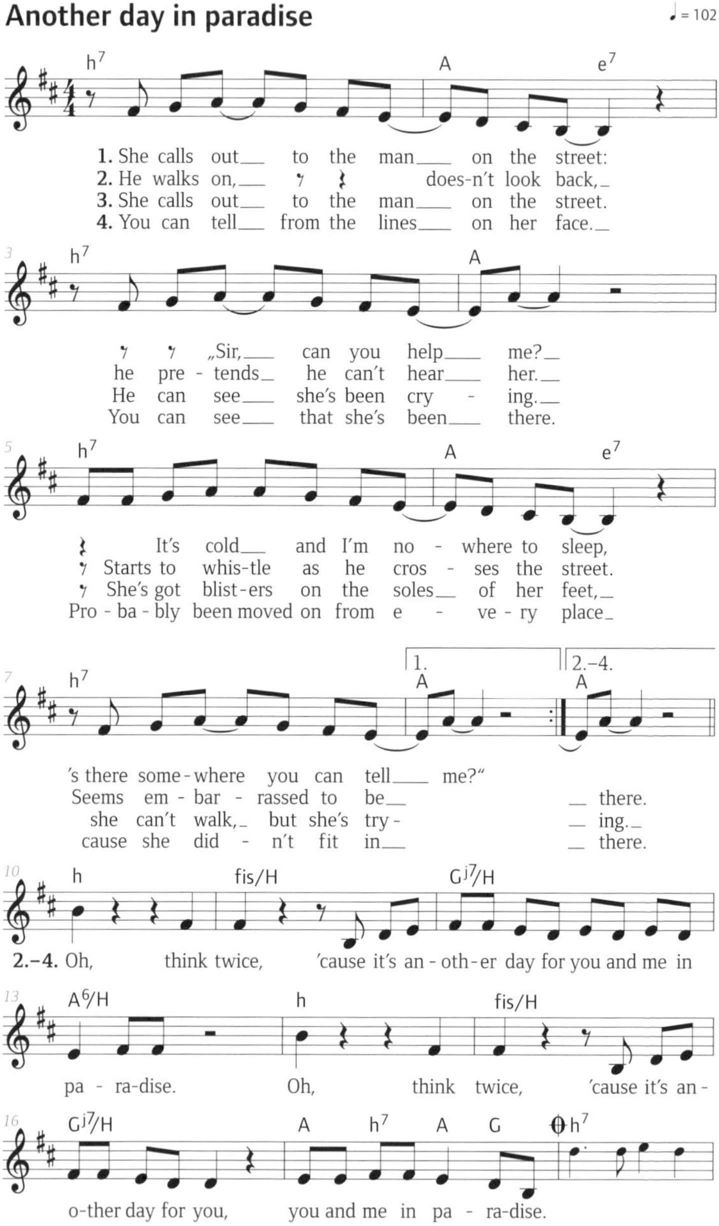
♩ = 102
h7 A e7
1. She calls out to the man on the street:
2. He walks on, does-n't look back,
3. She calls out to the man on the street.
4. You can tell from the lines on her face.
h7 A
„Sir, can you help me?
he pre - tends he can't hear her.
He can see she's been cry - ing.
You can see that she's been there.
h7 A e7
It's cold and I'm no - where to sleep,
Starts to whis-tle as he cros - ses the street.
She's got blist-ers on the soles of her feet,
Pro - ba - bly been moved on from e - ve - ry place
h7
1. A
2.–4. A
's there some-where you can tell me?"
Seems em - bar - rassed to be there.
she can't walk, but she's try - ing.
cause she did - n't fit in there.
h fis/H Gj7/H
2.–4. Oh, think twice, 'cause it's an - oth-er day for you and me in
A6/H h fis/H
pa - ra-dise. Oh, think twice, 'cause it's an -
Gj7/H A h7 A G h7
o-ther day for you, you and me in pa - ra-dise.

T und M: Phil Collins | Interpret: Phil Collins, 1989

Phil Collins (geb. 1951) ist ein britischer Rock-/Popsänger, Songwriter, Schlagzeuger und Schauspieler. International bekannt wurde er als Schlagzeuger und Sänger der Gruppe „Genesis", der er von 1970 bis 1996 angehörte. Mit „Another day in paradise" nahm Phil Collins eindringlich zum sozialen Problem der Obdachlosigkeit Stellung.

As time goes by

♩ = 82

1|5

1. You must re-mem-ber this, a kiss is still a kiss, a
2. And when two lo-vers woo, they still say „I love you", on

sigh is___ just a sigh. The fun-da-men-tal things ap-ply,___
that you___ can re-ly. No mat-ter what the fu-ture brings,

___ as time goes by.
___ as time goes by.

Moon-light and love___ songs, ne-ver out of date,

hearts full of pas - sion, jeal-ous-y and hate,

wo-man needs man___ and man must have his mate. That

no-one can de-ny.___ It's still the same old sto-ry, a

fight for love and glo-ry, a case of do or die. The

world will al-ways wel-come lov-ers, as time goes by.

T und M: Hermann Hupfeld | Interpret: Dooley Wilson, 1931 ↗ S. 188

12

Bald ist Weihnachten

♩. = 64

1|6

1. Schon wie-der De-zem-ber ⁊ Schluss vom Ka-len-der, der
Das soll nicht ge-sund sein, ⁊ oft auch der Grund sein für
2. Doch noch ist Ad-vent und ich denk per-ma-nent: ⁊ Jetzt
3. Der Ni-ko-laus war schon längst da die-ses Jahr. ⁊ Er

Win-ter ist ziem-lich ak-tiv. Ich bin ein-ge-schneit und im
Trä-nen und Trau-er an sich. Ich
wird es ja lang-sam mal Zeit. Ich
aß mit mir Stol-le und Keks. Ich

Lau-fe der Zeit wer-de ich fast de-pres-siv.

(1.) bau mir 'nen Schneemann, schau mir den See an und da-bei denk ich an
(2.) zähl schon die Ta-ge, ⁊ stell mir die Fra-ge: Wann ist es end-lich so
(3.) hab ihn ge-fragt und er hat mir ge-sagt, der Weihnachtsmann ist un-ter-

dich: 1.–3. Denn bald ist Weih-nach-ten_ und ich hof-fe, dass du an mich
weit? Weih-nach-ten_ und ich hof-fe, dass du mir was
wegs.

denkst. Bald ist mir Scho-ko-la-de und Eis am Stiel, ich
schenkst. ⁊ Schenk

bin mir ganz si-cher, das wird nicht zu viel, denn zu Weih-nach-ten_ ist mein

Ga-ben-tisch ziem-lich sta - bil.
bil.

T und M: Sebastian Krumbiegel | Interpreten: Die Prinzen, 1997

Beautiful

♩ = 76

1|7

1. ⁷ Ev-'ry day___ is so won-der-ful, then sud-den-
2. To all your friends you're de - li - ri-ous, ⁷ so con-

ly it's hard to breathe. Now and then I___ get
sumed in all your doom. Try-ing hard to fill the

in - se-cure from all the pain, ⁷ I'm so___ a - shamed.
emp - ti-ness, the piec-es gone, left the puzzle un-done.

⁷ I am beau-ti-ful,___ no mat-ter what they say.___
⁷ You are beau-ti-ful,___ no mat-ter what they say.___
'Cause we are beau-ti-ful,___ no mat-ter what they say.___

Words can't bring me___ down.___ I am beau-ti-ful,___ in
Words can't bring you___ down.___ You are beau-ti-ful,___ in
words won't bring us___ down.___ We are beau-ti-ful,___ in

ev - 'ry sin - gle way.___ Yes, words can't bring me___ down.
ev - 'ry sin - gle way.___ Yes, words can't bring you___ down.
ev - 'ry sin - gle way.___ Yes, words can't bring us___ down.

___ Oh,___ no.___ So don't you bring me down___ to-

1. D   D⁷/C   h   B

day.

14

T und M: Linda Perry | Interpretin: Christina Aguilera, 2001

Christina Aguilera (geb. 1980) ist eine US-amerikanische Popsängerin, Schauspielerin, Songwriterin und Tänzerin. Das Stück „Beautiful" wurde 2011 zum ermutigendsten Popsong für Lesbierinnen, Homosexuelle und Bisexuelle des vergangenen Jahrzehnts gewählt.

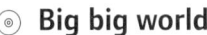

Big big world

1|8 ♩ = 89

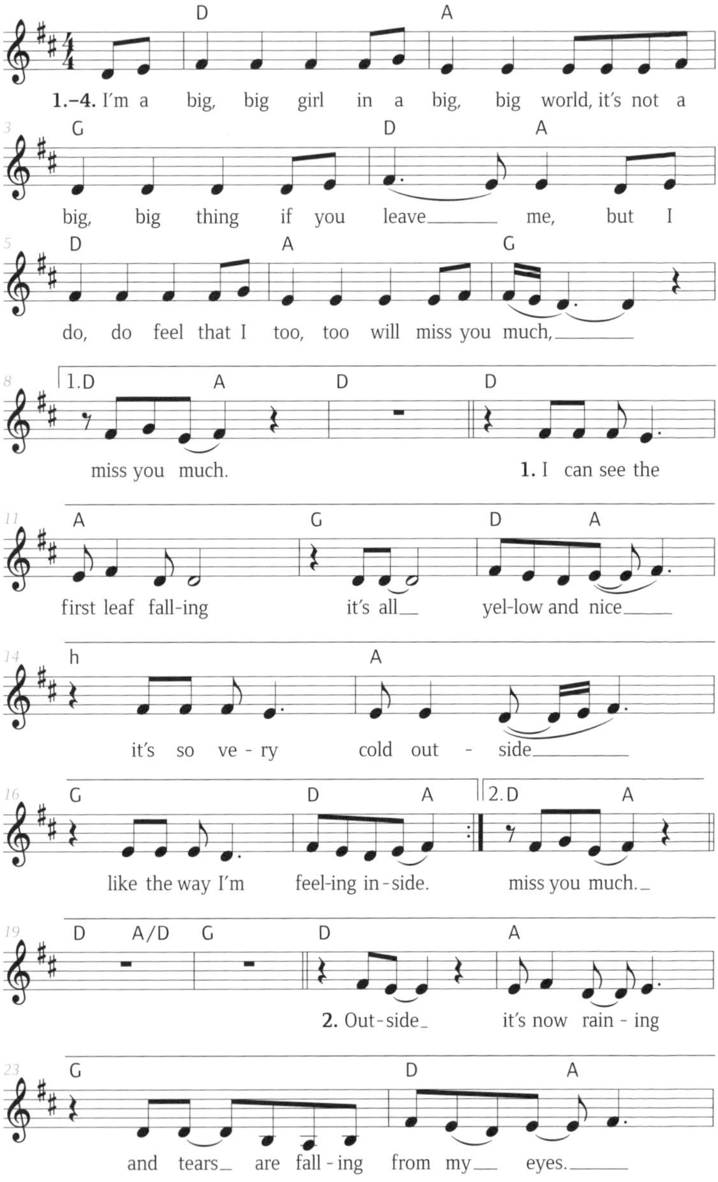
D A
1.–4. I'm a big, big girl in a big, big world, it's not a
G D A
big, big thing if you leave___ me, but I
D A G
do, do feel that I too, too will miss you much,___
1.D A D D
miss you much. 1. I can see the
A G D A
first leaf fall-ing it's all_ yel-low and nice___
h A
it's so ve - ry cold out - side___
G D A 2.D A
like the way I'm feel-ing in-side. miss you much._
D A/D G D A
2. Out-side_ it's now rain - ing
G D A
and tears_ are fall - ing from my_ eyes.___

Why did it___ have to hap - pen?_

Why did it all have to__ end?_ **3.** miss you much

3. I have your arms_ a - round me ooooh like fi -

re, but when I o - pen my eyes_____ you're gone.

4. _ miss you much. I'm a big, big girl in a

big, big world, it's not a big, big thing if you

leave__ me, but I do feel_ that I will__ miss you much,

_ miss_____ you much.__

T und M: Emilia Rydberg/Lars Gustav Anderson | Interpretin: Emilia, 1999

Blowin' in the wind

♩ = 186

1|9

1. How man-y roads must a man walk__
2. How man-y years can a moun - tain ex -
1. Wie vie-le Stra - ßen auf die - ser__
2. Wie vie-le Men - schen sind heut noch nicht

down be - fore__ you call him a man?
ist be - fore it is washed to the sea?
Welt sind Stra - ßen voll Trä - nen und Leid?
frei und wür - den es so ger - ne sein?

How man-y seas must a white dove__
How man-y years can some peo - ple ex -
Wie vie-le Mee - re auf die - ser__
Wie vie-le Kin - der geh'n a - bends zur

sail be - fore__ she sleeps in the
ist be - fore they're al - lowed to be
Welt sind Mee - re der Trau - rig -
Ruh' und schla - fen vor Hun - ger nicht

sand? Yes 'n' how man-y
free? Yes 'n' how man-y
keit? Wie vie - le
ein? Wie vie - le

times must the can-non - balls__ fly be -
times can a man__ turn his head, pre -
Müt - ter sind lang__ schon al - lein und
Träu - me er - fle - hen bei Nacht: wann

fore_____ they're for - ev - er banned?
tend that he just does - n't see?
war - ten und war - ten noch heut?
wird es für uns an - ders sein?

The an - swer, my friend, is blow-in' in the
Die Ant - wort, mein Freund, weiß ganz al - lein der

wind, the an - swer is blow-in' in the wind.
Wind, die Ant - wort weiß ganz al - lein der Wind.

T und M: Bob Dylan (deutsche Textfassung: Hans Bradtke) | Interpret: Bob Dylan, 1962

3. How many times must a man look up before he can see the sky
How many years must one man have before he can hear people cry?
Yes, 'n' how many deaths will it take till he knows that too many people
have died?

3. Wie große Berge von Geld gibt man aus für Bomben, Raketen und Tod?
Wie große Worte macht heut mancher Mann und lindert damit keine Not?
Wie großes Unheil muss erst noch geschehn, damit sich die Menschheit besinnt?

Bob Dylan, eigentlich Robert Allen Zimmermann (geb. 1941), ist ein US-amerikanischer Sänger, Dichter, Komponist und Schauspieler. Zu Beginn der 1960er-Jahre spielte er Folkmusik und begleitete sich selbst auf der akustischen Gitarre und der Mundharmonika. Durch seine sprachgewaltigen Lieder wurde er in den 1960er-Jahren zu einem der wichtigsten Repräsentanten der nordamerikanischen Friedensbewegung. Der wohl bekannteste Song ist „Blowing in the wind", dessen Text Dylan 1962 auf die Melodie eines Gospelsongs schrieb. Das Stück wurde von vielen Interpreten gecovert. Seit 1965 ließ sich Dylan von einer Band begleiten und trug dadurch zur Entwicklung des Folk Rock bei. Dylan gehört zu den bekanntesten und einflussreichsten Musikern des 20. Jahrhunderts.

Bubbly

♩ = 129

1. I've been a - wake_ for a while_ now.
2. The rain is fall - in' on my win-dow-pane,
3. I've been a - sleep_ for a while_ now.

You're got me feel - in' like a child_ now.
but we are hid - in' in a saf - er place.
You tucked me in just like a child_ now.

'Cause ev - 'ry time I see your bub - bly face,_____
Un - der cov - er, stay - in' dry and warm,_____
'Cause ev - 'ry time you hold me in your arms,_____

I get the tin - glies in a si - lent place. It starts in my toes
you give me feel - ings that_ I a - dore. It starts in my toes,
I'm com-fort'-ble e-nough to feel your warmth. It starts in my soul

and I crin - kle my nose._____ Wher-ev - er it goes,

_____ I al - ways_ know_ that you make me smile.

_ Please stay for a while_ now. Just take your time_

1. C

2. C

_____ wher-ev - er you go._____

20

T und M: Colbie Caillat/Jason Reeves | Interpret: Colbie Caillat, 2007

Bye-bye, love

♩ = 172

1|11

1. u. 2. Bye - bye, __ love, __ bye - bye, __ hap - pi - ness.
Bye - bye, __ love, __ bye - bye, __ sweet ca - ress. __

Hel - lo lone - li - ness, I think I'm gon - na cry. _____
Hel - lo emp - ti - ness, I

feel like I could cry. _____ Bye-bye, __ my love, good - bye.

1. There goes my ba - by __ with some - one new.
2. I'm through with ro - mance, I'm through with love.

She sure looks hap - py, __ I sure am blue.
I'm through with count - ing __ the stars a - bove.

She was my ba - by __ till he stepped in.
And here's the rea - son __ that I'm so free:

Good - bye to ro - mance that might have been.
my lov - ing ba - by __ is through with me.

2. da capo bis T. 12, dann nochmals Auftakt und T. 11–12

T und M: Felice und Boudleaux Bryant | Interpreten: Everly Brothers, 1957 ↗ S. 188

Chapel of love

♩ = 129

1|12

Go - in' to the cha - pel and we're go - in' to the
gon - na get mar - ried,

cha - pel and we're gon - na get mar - ried. Gee,— I real-ly
gon - na get—

love you and we're go - in' to the cha - pel of love.——
mar - ried,

fine

1. Spring— is here, the—— sky— is blue. Woe,——
2. Bells— will ring, the—— sun— will shine. Woe,——

birds— will sing—— as if—— they knew:——
I'll— be his—— and he'll— be mine.——

To - day's the day we'll say „I do." And we'll
We'll love un - til the end of time.

nev - er be lone - ly a - ny - more. Be - cause we're

nach dem 2. Durchgang
nochmals da capo al fine,
Takte 9–12 3× singen

T und M: Jeff Barry/Phil Spector/Ellie Greenwich | Interpreten: Dixie cups, 1964; Elton John, 1994

23

Das Lied von Mackie Messer

1|13

1. Und der Hai - fisch, der hat Zäh - ne
und die trägt er im Ge - sicht
und Ma - cheath, der_____ hat ein Mes - ser,
doch das Mes - ser sieht man nicht.

T: Bertolt Brecht | M: Kurt Weill, 1928

2. Ach, es sind des Haifischs Flossen rot, wenn dieser Blut vergießt!
   Mackie Messer trägt 'nen Handschuh, drauf man keine Untat liest.

3. An der Themse grünem Wasser fallen plötzlich Leute um!
   Es ist weder Pest noch Cholera, doch es heißt: Macheath geht um.

4. An 'nem schönen blauen Sonntag liegt ein toter Mann am Strand
   und ein Mensch geht um die Ecke, den man Mackie Messer nennt.

5. Und Schmul Meier bleibt verschwunden und so mancher reiche Mann,
   und sein Geld hat Mackie Messer, dem man nichts beweisen kann.

6. Jenny Towler ward gefunden mit 'nem Messer in der Brust,
   und am Kai geht Mackie Messer, der von allem nichts gewusst.

7. Wo ist Alfons Glite, der Fuhrherr? Kommt das je ans Sonnenlicht?
   Wer es immer wissen könnte – Mackie Messer weiß es nicht.

8. Und das große Feuer in Soho – sieben Kinder und ein Greis –
   in der Menge Mackie Messer, den man nicht fragt und der nichts weiß.

9. Und die minderjährige Witwe, deren Name jeder weiß,
   wachte auf und war geschändet – Mackie, welches war dein Preis?

Mackie Messer ist eine der Hauptfiguren in Brecht/Weills „Dreigroschenoper",
einem sehr erfolgreichen Stück der Weimarer Republik.

Das Model

♩ = 123

1|14

4× spielen

1. Sie ist ein__ Mo-del und sie
(2). trinkt in__ Nachtclubs im-mer
(3). stellt sich zur Schau für das Kon-

sieht gut aus.
Sekt kor-rekt
sum - pro-dukt

Ich nähm sie heut'
und hat hier__
und wird von Mil-

ger-ne mit zu mir nach Haus.
al - le Män-ner ab - ge-checkt.
lio-nen Au-gen an - ge-guckt.

Sie
Im
Ihr

wirkt__ so kühl,__ an sie kommt nie-mand ran.
Schein - wer - fer-licht ihr jun-ges Lä - cheln strahlt.
neu-es Ti - tel-bild ist ein-fach fa - bel-haft.

Doch vor der Ka - me-ra, da zeigt sie, was sie kann.
Sie sieht__ gut aus__ und Schönheit wird be-zahlt.
Ich muss sie wie-derseh'n, ich las, sie hat's ge-schafft.

e   h   G   fis   D   G   fis   H   1.

2. Sie

2.   e   h   e   h   4× spielen

G   fis   D   G   fis   H

3. Strophe bis Takt 18,   e   3× spielen   3. Sie
dann Takte 28–31 2×,
dann ⊕

T und M: Ralf Hütter/Karl Bartos/Emil Schult | Interpreten: Kraftwerk, 1978

25

Denkmal

♩ = 96

G   e

1. Komm mal ans Fens-ter, komm her zu mir, __ siehst du da

G   e

drü-ben gleich da hin-term Well - blech - zaun. __ Da

G   e

drü-ben auf dem Platz vor Al - di ha-ben sie un-ser

G   e

Ab-bild in Stein ge - hau'n. __

G   e

Komm auf die Stra-ße, komm her zu mir, __ ü-ber-all
2. Komm auf die Bei-ne, komm her zu mir, __ es wird bald

G   e

Blu-men und Gir-lan-den, halb __ zer - knüllt. Sieht so aus,
hell und wir ham' nicht e - wig Zeit. Wenn uns

G   e

als hät-ten die __ un-ser Denk - mal heu-te Nacht schon oh-
jetzt hier wer er-wischt, sind wir für immer ver - eint in Be __ -ton

G   e   D

- ne uns ent - hüllt. __ Hol den Vor-schlag-ham-mer!
__ und Se - lig - keit. __ Hol den Vor-schlag-ham-mer!

G   e   h   C

1.u.2. Sie ha-ben uns __ ein Denk-mal ge - baut,

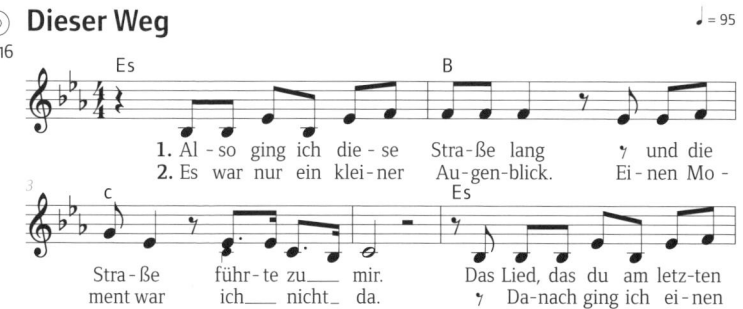

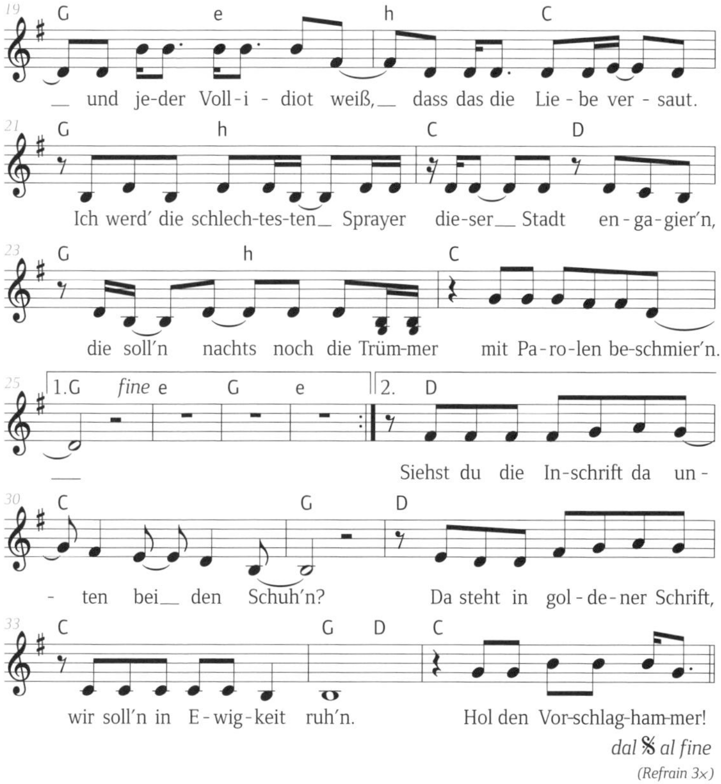
G e h C
und je-der Voll-i-diot weiß, dass das die Lie-be ver-saut.
G h C D
Ich werd' die schlech-tes-ten Sprayer die-ser Stadt en-ga-gier'n,
G h C
die soll'n nachts noch die Trüm-mer mit Pa-ro-len be-schmier'n.
1.G fine e G e 2. D
Siehst du die In-schrift da un-
C G D
-ten bei den Schuh'n? Da steht in gol-de-ner Schrift,
C G D C
wir soll'n in E-wig-keit ruh'n. Hol den Vor-schlag-ham-mer!
dal 𝄋 al fine
(Refrain 3×)

T: Judith Holofernes | M: Jean-Michel Tourette/Judith Holofernes/Pola Roy
Interpreten: Wir sind Helden, 2003 ↗ S. 188

Dieser Weg

1|16

♩ = 95

Es B
1. Al-so ging ich die-se Stra-ße lang und die
2. Es war nur ein klei-ner Au-gen-blick. Ei-nen Mo-
c Es
Stra-ße führ-te zu mir. Das Lied, das du am letz-ten
ment war ich nicht da. Da-nach ging ich ei-nen

man-che lie - ben dich, __ man-che ge - ben sich für __ dich

auf, ___ man-che seg - nen dich, setz dein Se - gel nicht,

wenn der Wind das Meer __ auf - braust. ___ Die-ser Weg

mehr. Die-ser Weg ___ wird kein leich - ter sein.

Die-ser Weg wird stei-nig und __ schwer. Nicht mit vie-

- len ___ wirst du dir ei-nig sein, doch die-ses Le-ben bie-tet

so viel __ mehr. Die-ser Weg, ___ die-ser Weg

mehr. Die-ser Weg, die-ser __ Weg. __

T: Xavier Naidoo | M: Philippe van Eecke/Xavier Naidoo | Interpret: Xavier Naidoo, 2005 ↗ S. 188

Don't worry, be happy

1|17

♩ = 138

B c Es F7 B
Hu hu hu …
1. Here's a lit - tle song I wrote, you
2. Ain't got no place to lay your head,
3. Ain't got no cash, ain't got no style,
c
might want to sing it note for note, don't
some-bod - y came and took your bed, don't
ain't got no girl to make you smile, don't
Es F7 B
wor-ry, be hap-py.
wor-ry, be hap-py.
wor-ry, be hap-py.
In ev - 'ry life we have some trou-ble
The land - lord says your rent is late
'Cause when you're wor-ry your face will frown
c Es
when you wor - ry you make it doub - le, don't wor-ry,
he may have too lit - i - gate, don't wor-ry,
that will bring ev - 'ry - bod - y down, don't wor-ry,
F7 B
be hap-py. Don't wor-ry, be hap-py now!

T und M: Bobby McFerrin | Interpret: Bobby McFerrin, 1988

Dream a little dream of me

♩ = 116

1|18

1. Stars shin-ing bright a-bove you,
2. Say „night-y night" and kiss me,
3.u.4. Sweet dreams till sun-beams find you,

night breez-es seem to whis-per „I love you",
just hold me tight and tell me you'll miss me;
sweet dreams that leave all wor-ries be-hind you,

birds sing-ing in the syc-a-more tree:
while I'm a-lone and blue as can be,
but in your dreams what-ev-er they be,

„Dream a lit-tle dream of me". dream a lit-tle dream of

me. Stars fad-ing, but I lin-ger on, dear,

still crav-ing your kiss; I'm long-ing to

lin-ger till dawn, dear, just say-ing this:

this: me, dream a lit-tle dream of me.

T: Gus Kahn | M: W. Schwandt/F. Andree | Interpretin: Cass Elliot, 1967

31

Du hast den Farbfilm vergessen

♩ = 103

1|19

d · · · · · · · C

1. Hoch stand der Sand-dorn am Strand von Hid-den - see.
2. So bö - se stampf-te mein nack-ter Fuß den Sand
3. Nun sitz ich wie-der bei dir und mir zu Haus
4. A - ber wie schreck-lich – die Trä-nen kul-lern heiß –

d · · · · · · · C

Mi - cha, mein Mi - cha, und al - les tat so weh,
und schlug ich von mei - ner Schul-ter dei - ne Hand.
und such die Fo - tos fürs Fo - to - al - bum aus.
Land-schaft und Ni - na und al - les nur schwarz-weiß.

F · · · · · · · A⁷ · d

dass die Ka - nin-chen scheu schau-ten aus dem Bau,
Mi - cha, mein Mi - cha, und al - les tat so weh,
Ich im Bi - ki - ni und ich am F K K,
Mi - cha, mein Mi - cha, und al - les tat so weh,

G

so laut ent - lud sich mein Leid ins Him - mel -
tu das noch ein - mal, ⸸ Mi - cha, und ich
ich frech im Mi - ni, ⸸ Land-schaft ist auch
tu das noch ein - mal, ⸸ Mi - cha, und ich

|1. u. 3. | 2. u. 4.
C C

1. blau. 2. geh! 2.u.4. Du hast den
3. da. 4. geh!

F · · · A · d

Farb - film ver - ges - sen,__ mein Mi-cha - el,

B · · · F · · · C

nun glaubt uns kein Mensch, wie schön's hier war, a - ha, a -

ha. Du hast den Farb - film ver - ges - sen,___
bei mei - ner Seel', al - les blau und
weiß und grün und spä - ter nicht mehr wahr.

T: Kurt Demmler | M: Michael Heubach | Interpretin: Nina Hagen, 1973

Nina Hagen (geb. 1955) ist eine deutsche Sängerin, Texterin, Komponistin und Schau-spielerin. Mit „Du hast den Farbfilm vergessen" wurde sie in der DDR bekannt. Nach ihrer Übersiedlung in die Bundesrepublik Deutschland machte sie eine internationale Karriere als Rocksängerin.

Ein Kompliment

♩ = 158

A   e⁷

1. Wenn man— so will,— bist du das Ziel ei-ner

G

lan-gen Rei - se, die Per-fek-tion der bes - ten Art— und Wei-

h   A

- se, in stil-len Mo-men - ten lei - se, die Schaum-kro-

e⁷

- ne— der Wo - ge der Be-geis - te - rung, berg -

G   h

auf mein An-trieb und Schwung.

𝄋 A   e⁷

1.u.2. Ich woll - te dir— nur mal e - ben sa -

G   h

- gen,— dass du das___ Größ-te für— mich bist,

A   e⁷

und si-cher - geh'n, ob du denn das-sel -

G   h   *fine*   1. *weiter in Takt 34* ‖ 2. *dal 𝄋 al fine*

- be— für mich fühlst, für mich fühlst.

A   e⁷

2. Wenn man— so will,— bist du mei-ne Chill-out A -

- re-a, mei-ne Fei-er-ta-ge in je-dem Jahr, mei-ne Süß-wa-ren-ab-tei-lung im Su-per-markt, die Lö-sung, wenn mal was hakt, und so wert-voll, dass man es sich ger-ne auf-spart, und so schön, dass man nie da-rauf ver-zich-ten mag.

T: Peter Brugger | M: Peter Brugger/Rüdiger Linhof/Florian Weber | Interpreten: Sportfreunde Stiller, 1997

Eternal flame

♩ = 79

1|21

G   e   C   D   G

1. Close your eyes, ᚷ give me your hand, (dar-ling) do you
2. I be - lieve it's meant to be,__ (dar-ling) watch you

(3)   e   C   D   e   H

feel my heart beat - ing, do you un-der-stand? Do you feel the same?
when you are sleep - ing: you be-long with me. Do you feel the same?

6   e   A⁷   D   h   1. a⁷

__ Am I on-ly dream - ing; is this burn-ing an e - ter-nal flame?
__ Am I on-ly dream - ing, or

10   2. a⁷   D   𝄋   d   G

is this burn-ing an e - ter-nal flame?_ Say my name, sun shines

(13)   D   F   G   C   G/H

through the rain;____ a whole life so lone-ly, and then come and ease the

16   a   D   h   F/C   C   D⁴ D

pain. I don't want to lose this feel - ing, oh.

Es folgen: G | G | G | G | D, dal 𝄋 bis Schluss, ||: da capo (2. Klammer) bis T. 11 :|| Schlussakkord G

T und M: Tom Kelly/Billy Steinberg/Susanna Hoffs | Interpreten: The Bangles, 1988

Everybody needs somebody

♩ = 202

1|22

H   E   A   H   H   E   A   H   H   E   A   E

Eve - ry-bod-y___ needs somebod-y, __ eve - ry - bod-y

36

needs some-bod-y __ to love, some-one to love, some-one to love,

__ sweet-heart to miss, __ sweet-heart to miss, sug-ar to kiss,

__ sug-ar to kiss. __ I need you, you, you, __ I need you, you, you,

__ in the morn-ing, you, you, you, when my soul's on fire, you, you, you. __

Some-times I feel, I feel a lit-tle sad in-side.

When my ba-by mis-treats_ me, I'll nev-er, nev-er, nev-er find a

place to hide. I need you.

you, you, you. __ I need you.

da capo al ⊕

you, you, you, __ I need you.

T und M: Bert Russell/Jerry Wexler/Solomon Burke | Interpreten: Solomon Burke, 1964; Blues Brothers, 1980

Farewell Jamaica

♩ = 119

1|23

C   F

1.u.4. Down___ the way where the nights are gay___ and the
2. I took a trip on a sail - ing ship_ and when I
   Down at the mar - ket___ you can hear___ la - dies
3. „A - ckey, rice, salt,___ fish are nice___ and the
   Sounds___ of laugh - ter___ ev - 'ry - where___ and the
   I must de - clare my___ heart is there___ tho' I've

G |1.C ||2.C

sun_ shines ⅄ dai - ly on the moun - tain top,_
reached Ja - mai - ca___ I   made a stop.
cry out ⅄ while on___ their_ heads they bear_
rum is___ fine_ an - y   time of year."
danc - ing___ girls_ sway - ing to and fro._
been_ from Maine to ⅄   Me - xi - co.___

(5)   d⁷   G⁷

1.–3. But I'm sad to say, I'm on my way, won't be back for

9   C   d⁷

man - y a day._ My heart is down, my head is turn - ing a - round,

(11)   G/C   G⁷   C

___ I had to leave a lit - tle girl in Kings - ton town._

T und M: Irving Burgie (Lord Burgess) | Interpret: Harry Belafonte, 1955

Father and son

♩ = 64

1|24

C   G   F

Vater: **1.** It's not time to make a change,_ just re - lax, ___
Vater: **2.** once like you are now___ and I know that
Sohn: **3.** I try to ex - plain?__ When I do he
Vater: **4.** time to make a change,_ just sit down,_
Sohn: **5.** times___ that I've cried,___ keep - in' all the

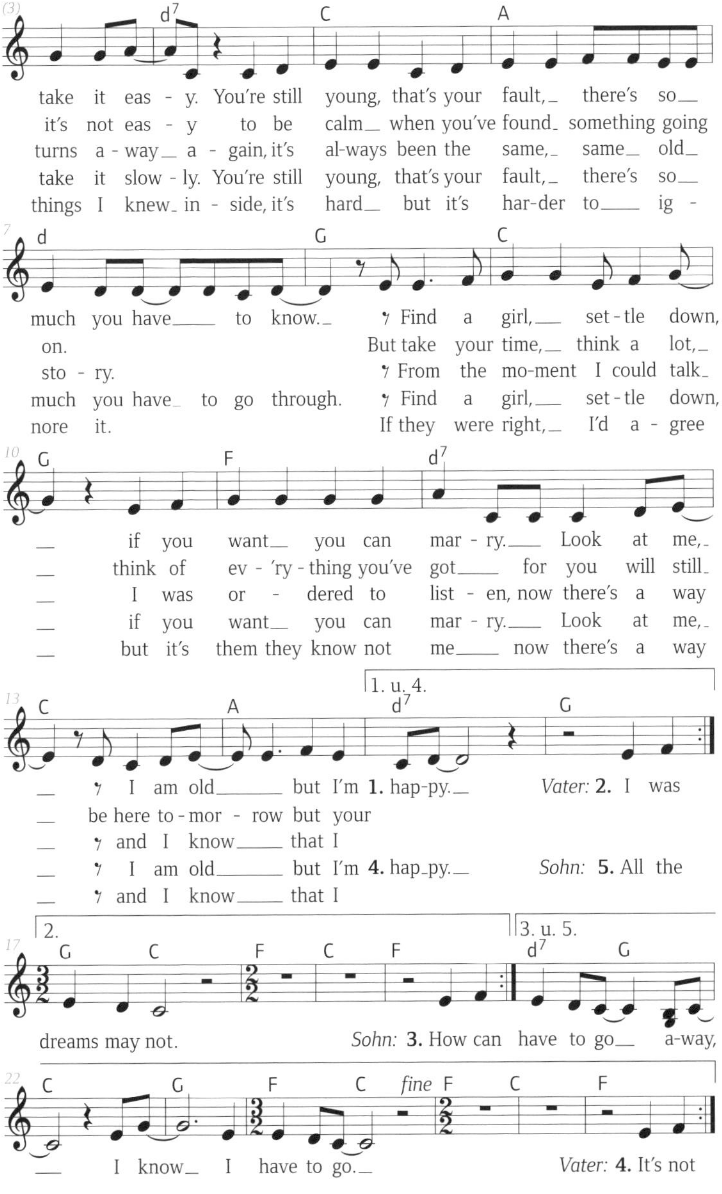
d7 C A
take it eas - y. You're still young, that's your fault, there's so
it's not eas - y to be calm when you've found something going
turns a - way a - gain, it's al-ways been the same, same old
take it slow - ly. You're still young, that's your fault, there's so
things I knew in - side, it's hard but it's har-der to ig -
d G C
much you have to know. Find a girl, set - tle down,
on. But take your time, think a lot,
sto - ry. From the mo-ment I could talk
much you have to go through. Find a girl, set - tle down,
nore it. If they were right, I'd a - gree
G F d7
if you want you can mar - ry. Look at me,
think of ev - 'ry - thing you've got for you will still
I was or - dered to list - en, now there's a way
if you want you can mar - ry. Look at me,
but it's them they know not me now there's a way
1. u. 4.
C A d7 G
I am old but I'm 1. hap-py. Vater: 2. I was
be here to - mor - row but your
and I know that I
I am old but I'm 4. hap-py. Sohn: 5. All the
and I know that I
2. 3. u. 5.
G C F C F d7 G
dreams may not. Sohn: 3. How can have to go a-way,
C G F C fine F C F
I know I have to go. Vater: 4. It's not

T und M: Cat Stevens | Interpret: Cat Stevens, 1970 ↗ S. 188

F

Feliz Navidad

♩ = 150

2|1

Fe-liz Na-vi-dad, Fe-liz Na-vi-dad,

Fe-liz Na-vi-dad, prós-pe-ro a-ño y fe-li-ci-dad.

1. We want to wish you a mer-ry Christ-mas, we want to
2. We want to wish you a mer-ry Christ-mas, with lots of

wish you a mer-ry Christ-mas, we want to wish you a
pres-ents and lots of cheer, with lots of laugh-ter through

mer-ry Christ-mas, from the bot-tom of our hearts.
out the year, from the bot-tom of our hearts.

da capo

(beim 1. Mal 1. Strophe wiederholen)

T und M: José Feliciano | Interpret: José Feliciano, 1970 ↗ S. 188

40

Get up, stand up

♩ = 79

2|2

T und M: Bob Marley/Peter Tosh | Interpret: Bob Marley & The Wailers, 1973 ↗ S. 188

G

Go west

♩ = 123

2|3

F   **C**   **d**

1. To - geth-er   we will   go our way.   To - geth-er   we will
2. To - geth-er   we will love the beach.   To - geth-er   we will
3. *We know that*   there are man - y ways   *to live there,*   in the

a   **B**   **F**

leave some day.   To - geth-er,   your hand in my   hands,   *to -*
learn and teach,   *to - geth-er,*   change our pace of   life.   To -
sun or shade.   To - geth-er   we will find a   place   *to*

B   **C**   **F**

geth-er,   we will make our plans.   To-geth-er   we will
geth-er   we will work and strive.   *I love you,*   I know
set - tle   where there's so much space.   *With-out rush*   and the

C   **d**   **a**

fly so high,   *to - geth - er,*   tell all our friends good-bye.   *To-*
you love me.   *I want you,*   how could I   dis - a - gree?   *So*
pace back east,   *the hus-tling,*   rustling just   to feed,   *I*

B   **F**   **B**   **C**

geth-er   we will start life new.   *To - geth-er,*   this is what we'll do.
that's why   I make no pro-test,   *when you say,*   you will do the rest.
know I'm   read-y to leave too.   *So that's what*   we are gon-na do.

(16) 𝄋 **F**   **C**   **d**   **a**

Go   west,   life is peace-ful there,   *go west,*   in the o - pen air,
Go   west,   life is peace-ful there,   *go west,*   in the o - pen air,
Go   west,   sun in win - ter-time,   *go west,*   we will feel just fine

(21) **B**   **F**   **B**

go   west,   where the skies are blue,   *go west,*   this is what we're
go   west,   ba-by you and me,   *go west,*   this is our
go   west,   where the skies are blue,   *go west,*   this is what we're

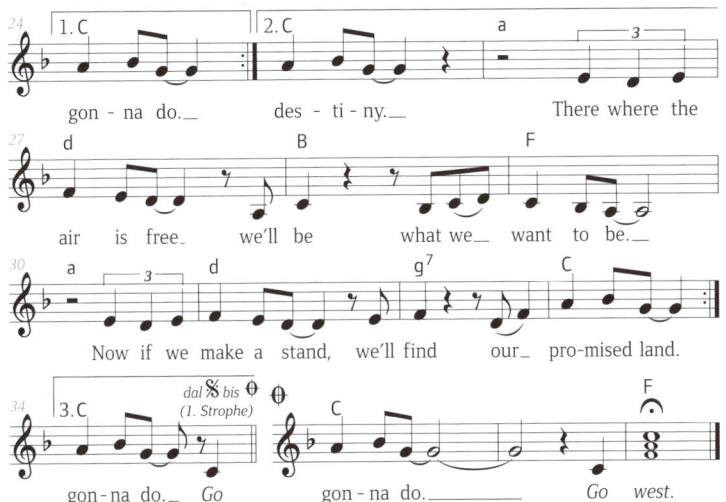

gon - na do.___ des - ti - ny.___ There where the

air is free_ we'll be what we_ want to be._

Now if we make a stand, we'll find our_ pro-mised land.

gon - na do._ Go gon - na do._____ Go west.

T: Victor Edward Willis (engl.) | M: Jacques Morali | Interpreten: Village People, 1979; Pet Shop Boys, 1993 ↗ S. 188

Hallo Berlin

♩ = 129

Ba-dap bap ba-dap ba - ba-dap (gepfiffen)

1. Hal-lo Ber-lin, ich ruf' nur an, um euch zu
2. lin, das habt ihr si - cher nicht ge -
3. lin, ich ruf' nur an, um euch zu
4. lin, ihr könnt jetzt nicht mehr

sa - gen: Ihr__ macht ir - gend-was__ ver - kehrt.
wusst, es hat sich wahr-schein-lich noch kei-ner be-schwert.
sa - gen, ihr ver-ur - sacht gro - ßen Frust.
sa - gen, da - von hät - tet ihr nix__ ge - wusst.

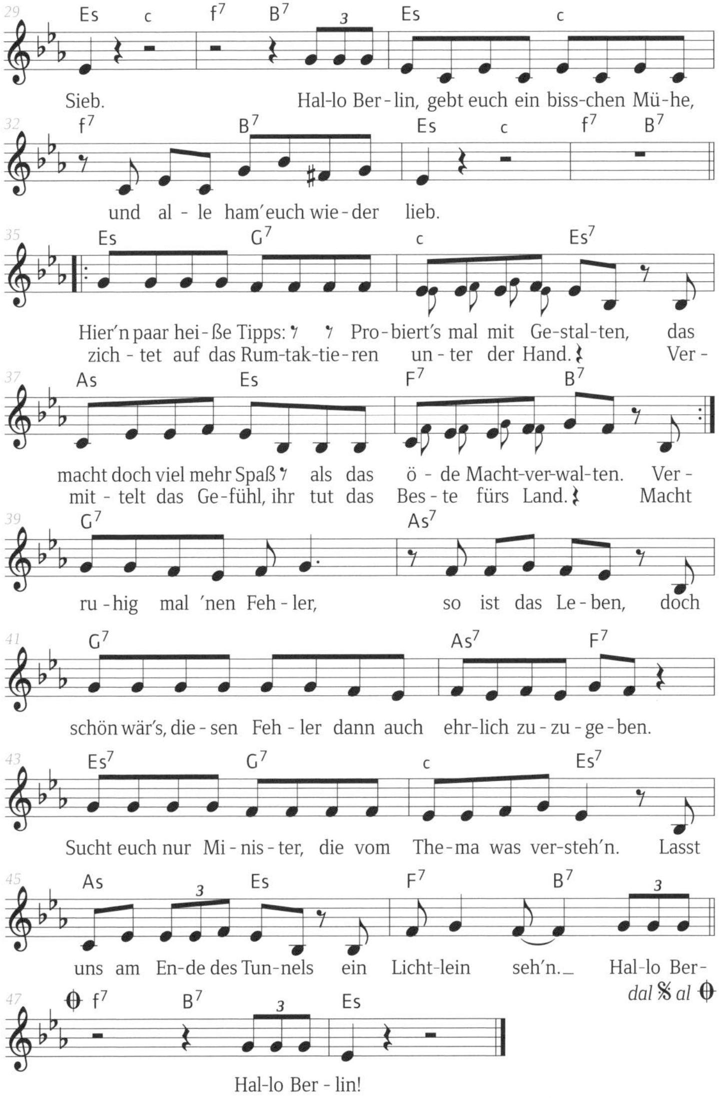
Es c f7 B7 Es c
Sieb. Hal-lo Ber-lin, gebt euch ein biss-chen Mü-he,
f7 B7 Es c f7 B7
und al - le ham'euch wie - der lieb.
Es G7 c Es7
Hier'n paar hei - ße Tipps: Pro - biert's mal mit Ge - stal - ten, das
zich - tet auf das Rum-tak-tie-ren un - ter der Hand. Ver -
As Es F7 B7
macht doch viel mehr Spaß als das ö - de Macht-ver-wal-ten. Ver -
mit - telt das Ge-fühl, ihr tut das Bes - te fürs Land. Macht
G7 As7
ru - hig mal 'nen Feh - ler, so ist das Le - ben, doch
G7 As7 F7
schön wär's, die - sen Feh - ler dann auch ehr-lich zu - zu - ge - ben.
Es7 G7 c Es7
Sucht euch nur Mi - nis - ter, die vom The-ma was ver-steh'n. Lasst
As Es F7 B7
uns am En-de des Tun-nels ein Licht-lein seh'n. Hal-lo Ber-
dal 𝄋 al ⊕
⊕ f7 B7 Es
Hal-lo Ber - lin!

T und M: Daniel Dickopf | Interpreten: wise guys, 2004 | ↗ S. 188

Halt dich an mir fest

2|5

♩ = 84

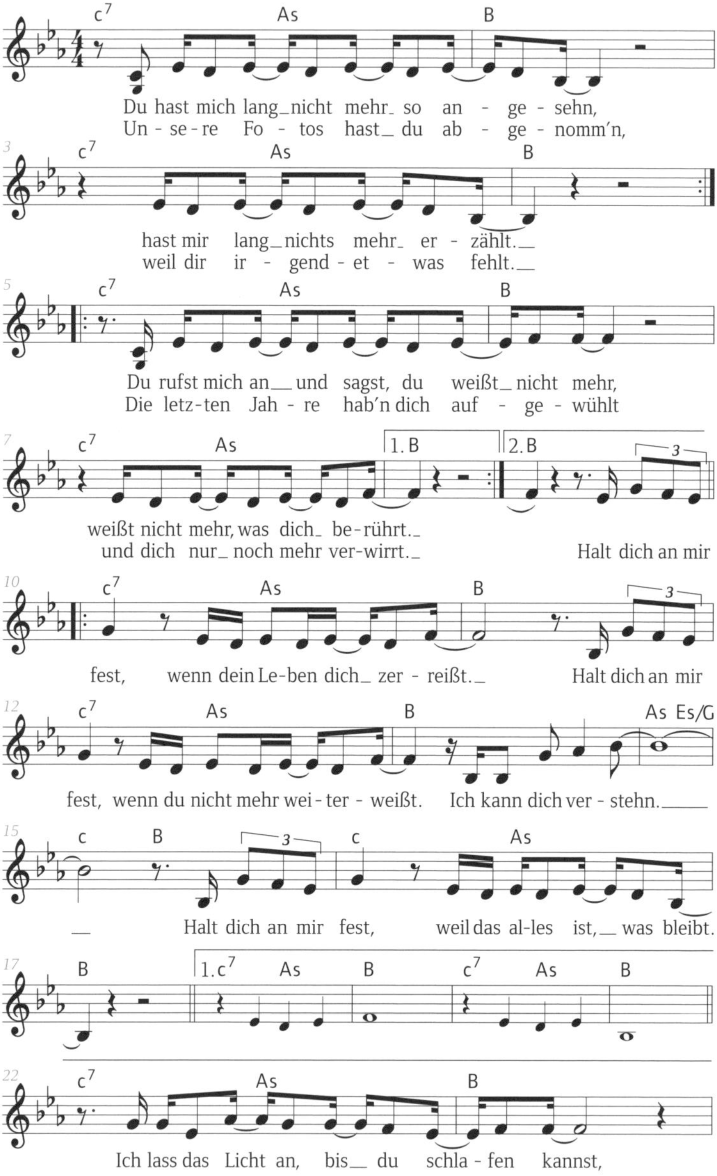
c7 As B
Du hast mich lang nicht mehr so an - ge - sehn,
Un - se - re Fo - tos hast du ab - ge - nomm'n,
hast mir lang nichts mehr er - zählt.
weil dir ir - gend - et - was fehlt.
Du rufst mich an und sagst, du weißt nicht mehr,
Die letz-ten Jah - re hab'n dich auf - ge - wühlt
weißt nicht mehr, was dich be-rührt.
und dich nur noch mehr ver-wirrt.
1. B
2. B
Halt dich an mir
fest, wenn dein Le-ben dich zer - reißt.
Halt dich an mir
fest, wenn du nicht mehr wei - ter - weißt.
Ich kann dich ver - stehn.
As Es/G
c B
Halt dich an mir fest, weil das al-les ist, was bleibt.
1. c7
Ich lass das Licht an, bis du schla - fen kannst,

T und M: Strate/Grötsch/Hünecke/Sinn | Interpret: Revolverheld (mit Marta Jandová), 2010

Hinterm Horizont

2|6

♩ = 92

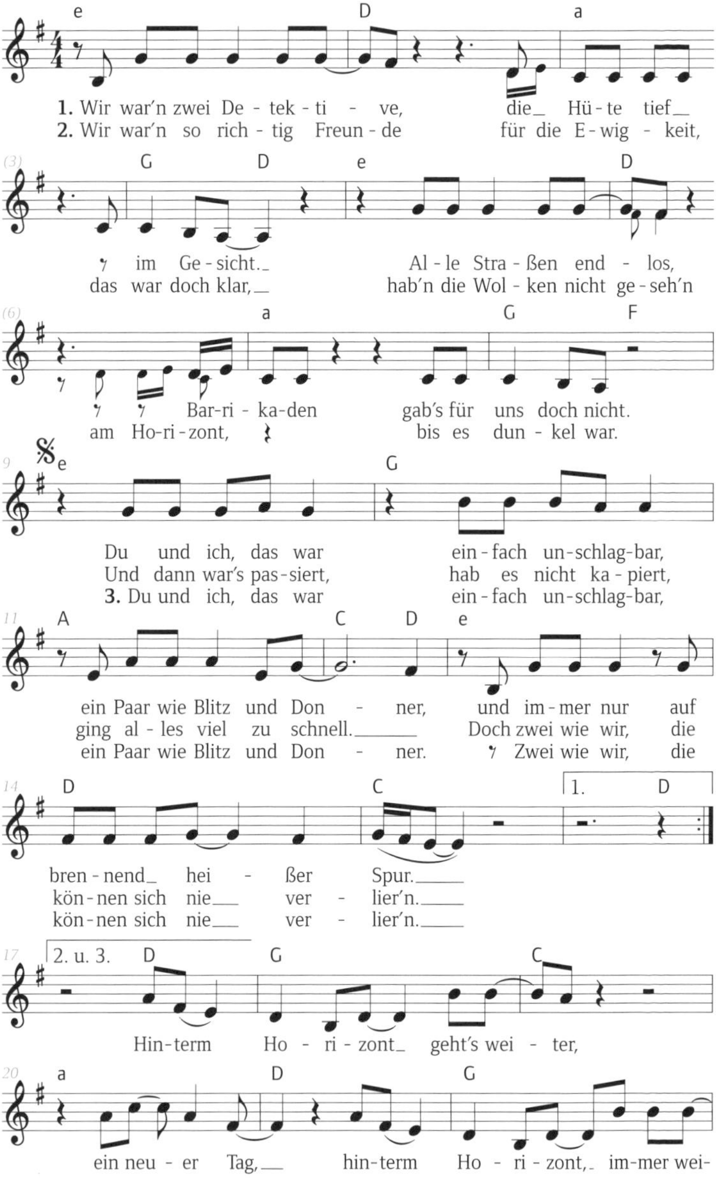
e D a
1. Wir war'n zwei De - tek - ti - ve, die_ Hü - te tief_
2. Wir war'n so rich - tig Freun - de für die E - wig - keit,
G D e D
im Ge - sicht._ Al - le Stra - ßen end - los,
das war doch klar,_ hab'n die Wol - ken nicht ge - seh'n
a G F
Bar - ri - ka - den gab's für uns doch nicht.
am Ho - ri - zont, bis es dun - kel war.
e G
Du und ich, das war ein - fach un - schlag - bar,
Und dann war's pas - siert, hab es nicht ka - piert,
3. Du und ich, das war ein - fach un - schlag - bar,
A C D e
ein Paar wie Blitz und Don - ner, und im - mer nur auf
ging al - les viel zu schnell._ Doch zwei wie wir, die
ein Paar wie Blitz und Don - ner. Zwei wie wir, die
D C 1. D
bren - nend_ hei - ßer Spur._
kön - nen sich nie_ ver - lier'n._
kön - nen sich nie_ ver - lier'n._
2. u. 3. D G C
Hin - term Ho - ri - zont_ geht's wei - ter,
a D G
ein neu - er Tag,_ hin - term Ho - ri - zont,_ im - mer wei -

T: Udo Lindenberg | M: Udo Lindenberg/Bea Reszat | Interpret: Udo Lindenberg, 1987

Udo Lindenberg (geb. 1946) ist ein deutscher Schlagzeuger, Sänger, Texter und Komponist. Seine Laufbahn begann er als Schlagzeuger. In den 1970er-Jahren wurde er einem Millionenpublikum als Sänger bekannt. Er war einer der Ersten, der mit Rocksongs in deutscher Sprache Erfolg hatte. Sein Markenzeichen ist seine saloppe, nuschelige Sprechweise. Seine Texte sind oft sehr poetisch, satirisch oder sozialkritisch. Udo Lindenberg gehört zu den bekanntesten und vielseitigsten deutschsprachigen Rockmusikern. 2011 kam das Musical „Hinterm Horizont" heraus, das eine Episode aus Lindenbergs Leben thematisiert und aus seinen Hits besteht. Hier ist die aktuelle Fassung aus dem Musical abgedruckt.

I am sailing

♩ = 64

1. I am sail - ing, I am sail - ing, home a -
2. I am fly - ing, I am fly - ing, like a
3. Can you hear me, can you hear me, through the
4. We are sail - ing, we are sail - ing, home a -

gain___ 'cross the sea. I am sail - ing storm - y
bird___ 'cross the sky. I am fly - ing, pass - ing
dark night far a - way. I am dy - ing, for - ev - er
gain___ 'cross the sea. We are sail - ing storm - y

wa - ters to be near_ you, to be free.
high clouds, to be with_ you, to be free.
try - ing, to be with_ you, who can say. *nach 4. Strophe*
wa - ters, to be near_ you, to be free. *dal % al fine*

T und M: Gavin Maurice Sutherland | Interpret: Rod Stewart, 1975

Ich bring dich durch die Nacht

♩ = 119

1. Die Schatten wer - den län - ger, der grau - e, gra - me
2. Al - les er - scheint dir schwe - rer, be - droh - li - cher und
3. Lass los, ver - such zu schla - fen. Ich bring dich si - cher

Gril - len - fän - ger ⸗ streicht um das Haus. ⸗ ⸗ Der
hoff - nungs - lee - rer. Mit der Dun - kel - heit_ kom - men aus
in den Ha - fen. Dir kann nichts ge - scheh'n, Wolfs - mann und

Tag ist aus. Die Ängs - te kom - men nä - her,
dunk - ler Zeit fer - ne Er - in - ne - run - gen,
bö - se Feen sind nur ein Blät - ter - rei - gen,

sie stell'n sich grö-ßer, krall'n sich zä-her in der See-le fest,
die Nacht wis-pert mit tau-send Zun-gen:„Sie al-le sind aus,
vorm Fens-ter, der Wind in___ den Zwei-gen im Kas-ta-nien-baum,

in deinem Traum-ge-äst. 𝄾 Manchmal ist es
du bist al-lein zu-haus!" Mit dei-ner stummen
𝄾 𝄾 ein bö-ser Traum, der's nicht wagt wie-der-

bis zum an-de-ren U-fer der Nacht 𝄾 𝄾 wie ein licht-lo-ser
Ver-zweif-lung und dem Knistern im Par-kett 𝄾 und als ein-zi-gem
zu-kom-men, bis der neu-e Tag be-ginnt. Lass los, ich halt___ dich

Tun-nel,___ ein nicht-en-den wol-len-der Schacht.
Trost das war-me Licht des Ra-dios an dei-nem Bett.
fest, ich kenn' den Weg___ aus dem La-by-rinth.

Ich bring' dich durch die Nacht, ich bring' dich durch die rau-e See.
Ich bring' dich durch die Nacht, ich brin-ge dich von Luv

___ nach Lee. Ich bin dein Lot-se, ich bin dein Mann,

___ bin dei-ne Schwester, lehn dich an, ich bin der Freund, der

mit dir wacht, ich bring' dich durch die Nacht.

T und M: Reinhard Mey | Interpret: Reinhard Mey, 2003 ↗ S. 188

Ich weiß ein Haus (Hernando's hideaway)

langsamste ♩ = 107

2|9

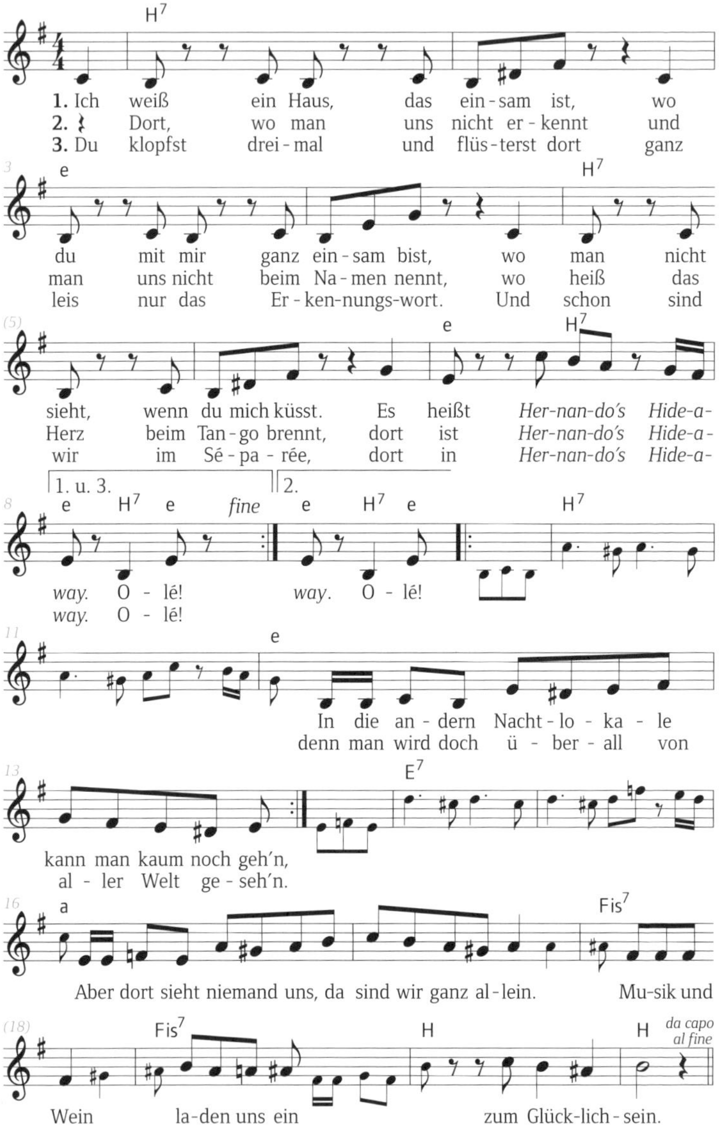
H7
1. Ich weiß ein Haus, das ein-sam ist, wo
2. Dort, wo man uns nicht er-kennt und
3. Du klopfst drei-mal und flüs-terst dort ganz
e H7
du mit mir ganz ein-sam bist, wo man nicht
man uns nicht beim Na-men nennt, wo heiß das
leis nur das Er-ken-nungs-wort. Und schon sind
e H7
sieht, wenn du mich küsst. Es heißt Her-nan-do's Hide-a-
Herz beim Tan-go brennt, dort ist Her-nan-do's Hide-a-
wir im Sé-pa-rée, dort in Her-nan-do's Hide-a-
1. u. 3. 2.
e H7 e fine e H7 e H7
way. O-lé! way. O-lé!
way. O-lé!
e
In die an-dern Nacht-lo-ka-le
denn man wird doch ü-ber-all von
E7
kann man kaum noch geh'n,
al-ler Welt ge-seh'n.
a Fis7
Aber dort sieht niemand uns, da sind wir ganz al-lein. Mu-sik und
Fis7 H H da capo al fine
Wein la-den uns ein zum Glück-lich-sein.

T und M: Richard Adler/Jerry Ross (1954) | deutscher Text: Klaus Günter Neumann ↗ S. 188

Imagine

2 | 10

♩ = 77

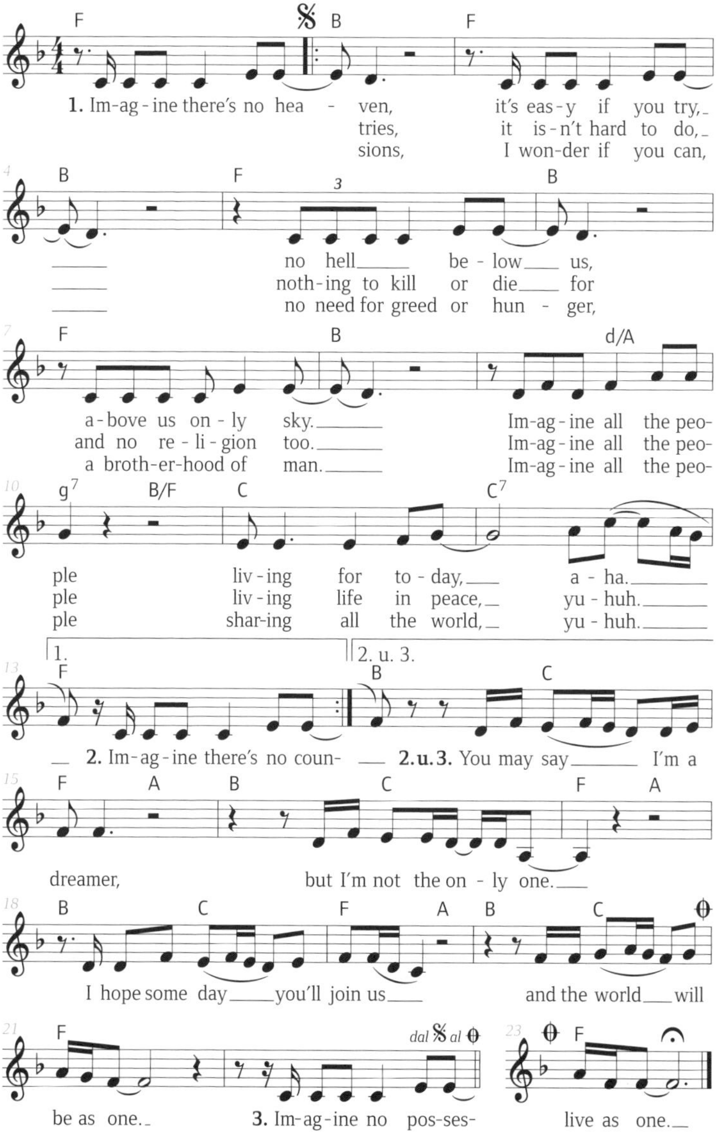
F B F
1. Im-ag-ine there's no hea - ven, it's eas-y if you try,
tries, it is-n't hard to do,
sions, I won-der if you can,
B F B
no hell be - low us,
noth-ing to kill or die for
no need for greed or hun - ger,
F B d/A
a-bove us on - ly sky. Im-ag-ine all the peo-
and no re - li - gion too. Im-ag-ine all the peo-
a broth-er-hood of man. Im-ag-ine all the peo-
g7 B/F C C7
ple liv-ing for to - day, a - ha.
ple liv-ing life in peace, yu - huh.
ple shar-ing all the world, yu - huh.
1. 2. u. 3.
F B C
2. Im-ag-ine there's no coun- 2.u.3. You may say I'm a
F A B C F A
dreamer, but I'm not the on - ly one.
B C F A B C
I hope some day you'll join us and the world will
F
be as one. 3. Im-ag-ine no pos-ses-
dal 𝄋 al 𝄌
𝄌 F
live as one.

T und M: John Lennon | Interpret: John Lennon, 1971

Immer wieder geht die Sonne auf

♩ = 117

1. ⅞ Wenn ein Traum, ir - gend - ein
2. Hör ich ein Lied, ir - gend - ein

Es **c** **F⁴** **F**

Traum sich nicht er - füllt,___ wenn die Lie - be zu En - de
Lied, das mir ge - fällt, denk' ich noch im - mer, wie schön es

B **Es**

geht, wenn selbst die Hoff - nung nicht mehr be -
war, wir wa - ren glück - lich, wird mir dann

a⁷ **D⁷** **g**

steht, nur Ein - sam - keit.
klar, denn du warst hier.

F⁶ **Es** **D⁴** **D**

g **Es** **c**

Wenn ein Blatt, ir - gend - ein Blatt vom Bau - me fällt, _ weil der
Und wenn dir ir - gend - ein Mensch von mir er - zählt, ich hätt' ver -

F⁴ **F** **d** **Es**

Herbst - wind es so be - stimmt, wenn das Schick - sal uns et - was
ges - sen, dann denk' da - ran: ich glaub' an mor - gen, denn ir - gend-

c **D**

nimmt, ver - trau der Zeit.
wann stehst du vor mir.

1.–2. Denn im-mer, im-mer wie-der geht die Son - ne auf,

und wie-der bringt ein Tag für uns sein

Licht._____ Ja,

im-mer, im - mer wie-der geht die Son - ne auf,

denn Dun-kel-heit für im-mer gibt es

nicht, die gibt es nicht, die gibt es nicht.

nicht. Dun-kel-heit für im-mer gibt es nicht.

T und M: Udo Jürgens/Thomas Hörbiger | Interpret: Udo Jürgens, 1967

Udo Jürgens, eigentlich Udo Jürgen Bockelmann (1934-2014), war ein österreichischer Sänger, Dichter, Komponist und Pianist. Der Sieg beim Grand Prix Eurovision de la Chanson (heute: Eurovision Song Contest) 1966 machte ihn international bekannt. Etliche seiner Texte sind sehr poetisch, viele sozialkritisch. Udo Jürgens gehört zu den populärsten deutschsprachigen Interpreten und Komponisten von Schlagern und Chansons.

Je veux

♩ = 155

2 | 12

♪♪ = ♩⌐³¬♪

d

1. ↱ Don - nez moi une suite au Ritz, je n'en veux pas,
2. ↱ Off - rez moi du per - so - nel, j'en fe - rais quoi,
3. ↱ J'en ai marre d'vos bonnes ma - nières, c'est trop pour moi._
4. Fi - ni l'hy - po - cri - sie,___ moi, j'me casse de là. _

C

__ des bi - joux de chez Cha - nel, je n'en veux pas._
__ un ma - noir à Neuf - cha - tel, c'n'est pas pour moi.
__ Moi, je mange av - ec les mains e j'suis comme ça._
__ J'en ai marre des langues de bois, re - gar - dez moi,

B

__ Don - nez moi une li - mou - sine, j'en fe - rais quoi,
__ Off - rez moi la Tour Eif - fel, j'en fe - rais quoi,
__ J'par - le fort et je suis franche, ex - cu - sez moi,
__ toute ma - nière j'vous en veux pas et j'suis comme ça,_

[1. u. 3.]

g A

__ pa pa la pa___ pa pa la.
__ pa pa la pa_
__ pa pa la pa___ pa pa la.
__ pa pa la pa_

[2. u. 4.]

A B

__ pa pa la.
__ pa pa la.

C 𝄋 d

2. u. 4. Je veux d'la - mour, d'la

B C

joie, de la bonne hu - meur; c'n'est pas votre ar -

a B

gent qui f'ra mon bon - heur; moi j'veux cre -

T: Kerredine Soltani | M: Kerredine Soltani/Tristan Solanilla | Interpretin: Zaz, 2010

Mit dem Song „Je veux" hatte die junge Chanson-Sängern **Isabelle Geffroy (Zaz)** im Sommer 2010 großen Erfolg in den europäischen Charts. In ihrer Musik spiegeln sich Einflüsse von Jazz, Varieté bis Blues, vom traditionellen französischen Chanson, der Roma-Musik bis zu südlichen Stilen.

Jinglebell Rock

♩ = 135

2|13

1. Jin-gle-bell, jin-gle-bell, jin-gle-bell rock, jin-gle-bell swing and
2.u.3. Jin-gle-bell, jin-gle-bell, jin-gle-bell rock, jin-gle-bell chime in

jin-gle-bells ring. Snow-in' and blow-in' up bush-els of fun,_
jin-gle-bell time, danc-in' and pranc-in' in jin-gle-bell square_

now the jin-gle hop has be-gun._ in the fros-ty air.

_ What a bright time,_ it's the right_ time_ to

rock the night a-way._ Jin-gle-bell_ time is a swell time

to go glid-in' in a one horse sleigh. Gid-dy up, jin-gle horse

pick up your feet, jin-gle a-round the clock. Mix and mingle in a

jin-glin' beat, that's the jin-gle-bell rock.

that's the jin-gle-bell, that's the jin-gle-bell rock._____

T und M: Joseph Beal/James Boothe | Interpret: Bill Haley, 1968

58

Jugendliebe

♩ = 120

2|14

1. Er sprach von Lie - be, da - bei
2. Sie sprach von Träu - men, und wie
3. Er traf sie wie - der, vie - le

wa - ren sie__ noch nicht mal fünf - zehn Jahr.__
ger - ne wür - de sie ihm al - les glau - ben.__
Jah - re sind seit da - mals schon ver - gan - gen.__

Schwor gro - ße Wor - te, und er
Mal - te mit ihm Bil - der von dem
Sieht in ih - re Au - gen, und er

küss - te sie__ und strei - chel - te ihr Haar.__
Le - ben, das__ sie sich dann bei - de bau - ten.
denkt zu - rück: Wie hat es an - ge - fan - gen?

2.-3. Ju - gend - lie - be bringt den Tag, wo man be - ginnt,__ al - les

um sich her__ ganz an - ders an - zu - seh'n,__ ha, __ ha,

Lachen trägt die Zeit,__ die un - ver - ges - sen bleibt, denn sie__ ist__

traum - haft schön.__

T: Burkhard Lasch | M: Bernd Henning | Interpretin: Ute Freudenberg, 1979

59

Junimond

♩ = 80

2|15

1. Die Welt schaut rauf__ zu mei-nem Fens-ter
2. Zwei-tau-send Stun-den hab ich ge-war-tet,

mit mü-den Au-gen, ganz stau-big und scheu. Ich bin hier
ich hab sie al-le ge-zählt und ver-flucht. Ich hab ge-

o-ben auf mei-ner Wol-ke, ich seh dich kom-men,
trun-ken, ge-raucht und ge-be-tet, hab dich fluss-auf-

a-ber du gehst vor-bei. **1.u.2.** Doch jetzt tut's nicht mehr
- und fluss-ab-wärts ge-sucht.

weh,__ nee, jetzt tut's nicht mehr weh__ und

al-les bleibt stumm und kein Sturm kommt auf, wenn ich dich seh.

Es ist vor-bei, bye-bye, Ju-ni-mond,__ es ist vor-bei,__

es ist__vor-bei, bye-bye.

bye. bye. Es ist vor-bye.

T: Rio Reiser | M: Martin Hartmann | Interpret: Rio Reiser, 1986

Kinder (Sind so kleine Hände)

♩ = 135

1. Sind so klei - ne Hän - de,___ winz' - ge Fin - ger
3. Sind so klei - ne Oh - ren,___ scharf, und ihr er -

6. Sind so klei - ne See - len,___ of - fen und ganz
8. G'ra - de kla - re Men - schen wär'n ein schö - nes

dran. Darf man nie drauf schla - gen,_
laubt. Darf man nie zer - brül - len,_

frei. Darf man nie - mals quä - len,_
Ziel. Leu - te oh - ne Rück - grat_

die zer - bre - chen dann. **2.** Sind so___ klei - ne
wer - den da - von taub. **4.** Sind so___ schö - ne
5. Sind so___ kla - re
geh'n ka - putt da - bei. **7.** Ist so'n_ klei - nes
ha'm wir schon zu - viel.

Fü - ße mit so klei - nen Zeh'n,
Mün - der, spre - chen al - les aus.
Au - gen, die noch al - les sehn.
Rück - grat, sieht man fast noch nicht.

darf man nie drauf tre - ten,
Darf man nie ver - bie - ten,
Darf man nie ver - bin - den,
Darf man nie - mals beu - gen,

2., 5., 7. d *da capo* **4. d** *dal %*

könn'n sie sonst nicht gehn.
kommt sonst nichts mehr raus.
könn'n sie nichts ver - steh'n.
weil es sonst zer - bricht.

T und M: Bettina Wegner | Interpretin: Bettina Wegner, 1979

Kiss kiss

♩ = 189

Mm! **1.** When you___ look at me, tell me what___ you see.
2. ⁊ You could be___ my ba-by what's your star sign.

This is what you get, ⁊ it's the way I am.
Won't you take a step in-to the li - on's den.

When ⁊ I ⁊ look at you I wan-na be, I wan-na be
I can hear me con - sience call-ing me,___ call-ing me,

some-where close to hea-ven with Ne - an-der-thal man.
say I'm gon-na be a bad ⁊ girl___ a - gain.

d   C   Bʲ⁷   C
Don't go, I know you wan-na touch me, here, ⁊ there and ev-'ry-where.
Why don't_ you come on___ ov - er, we can leave this all un-done.

d   C   Bʲ⁷   A⁷
Sparks fly when we are to-geth-er, you can't de - ny the facts of
Got a de - vil on my shoul-der, there's no place for you to run.___

𝄋 d   C
life._____ **1.–4.** You don't have to act like a star,_____ try-ing

a   d
moves in the back of your car.___ But you know that we can go

C   a   a⁷
far,_____ 'cause to-night you're gon-na get my.___ (Kiss kiss.)

16 d   C   a

Don't play the games that you play, _____ 'cause you know that I won't run a-

(17) d   C

way. _____ Why aren't you ask-ing me to stay, _____ 'cause to-

19 |1. a   a^7 |2. a   a^7 A

night I'm gon-na give you my_ (Kiss kiss.) night I'm gon-na give you my_

21 d   A

If you forget I'll re-mind you, if you're pa-ra-noid I'm be-hind you. If

23 d   A

you lose your head I'll find you,_ send-ing you my kiss.

25 d   A

If you forget I'll re-mind you, if you're pa-ra-noid I'm be-hind you. If

27 d   A

you lose your head I'll find you._ Kiss kiss. _____

29 N.C. *dal %* |3. a   a^7 *dal %*
        in 3. Klammer   *in 4. Klammer*

You night I'm gon-na give you my. _____ (Kiss kiss.) You

31 |4. a   a^7 A

night I'm gon-na give you my …

T (englisch): Steven Hayward/Juliette Jaimes/Fatma Sezen Yildirim | M: Sezen Aksu
Interpreten: Tarkan (1999), Holly Valance (2002) ↗ S. 189

Knocking on heaven's door

♩ = 68

2|18

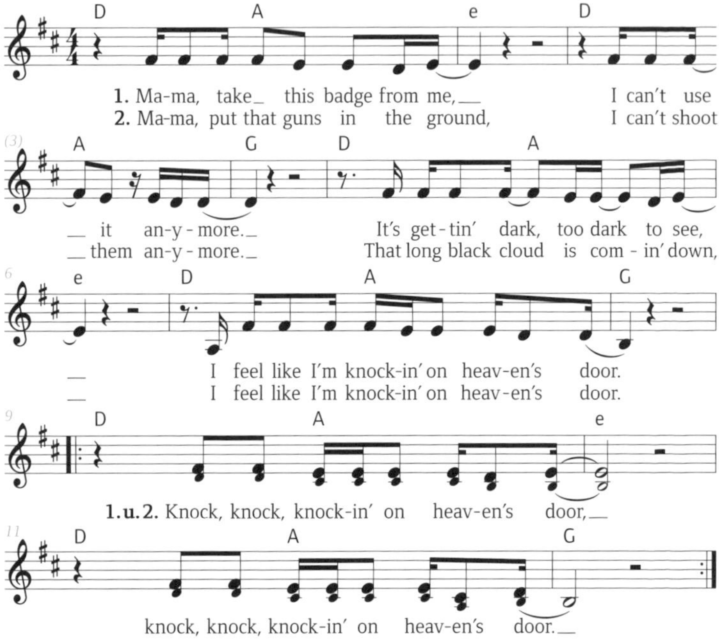
D A e D
1. Ma-ma, take_ this badge from me,__ I can't use
2. Ma-ma, put that guns in the ground, I can't shoot
(3)
A G D A
__ it an-y - more._ It's get - tin' dark, too dark to see,
__ them an-y - more._ That long black cloud is com - in' down,
6
e D A G
__ I feel like I'm knock-in' on heav-en's door.
__ I feel like I'm knock-in' on heav-en's door.
9
D A e
1.u.2. Knock, knock, knock-in' on heav-en's door,__
11
D A G
knock, knock, knock-in' on heav-en's door.__

T und M: Bob Dylan | Interpreten: Eric Clapton, 1975; Guns N' Roses, 1991 ↗ S. 189

Leaving on a jetplane

♩ = 121

2|19

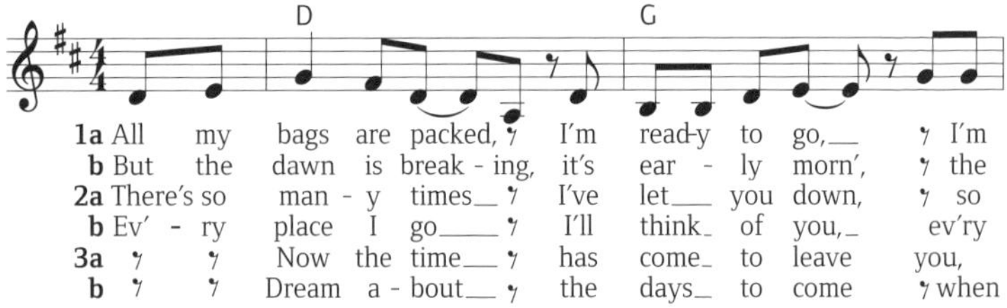
D G
1a All my bags are packed, 𝄾 I'm read-y to go,__ 𝄾 I'm
b But the dawn is break - ing, it's ear - ly morn', 𝄾 the
2a There's so man - y times__ 𝄾 I've let__ you down, 𝄾 so
b Ev' - ry place I go____ 𝄾 I'll think_ of you,_ ev'ry
3a 𝄾 𝄾 Now the time__ 𝄾 has come_ to leave you,
b 𝄾 𝄾 Dream a - bout__ 𝄾 the days_ to come 𝄾 when

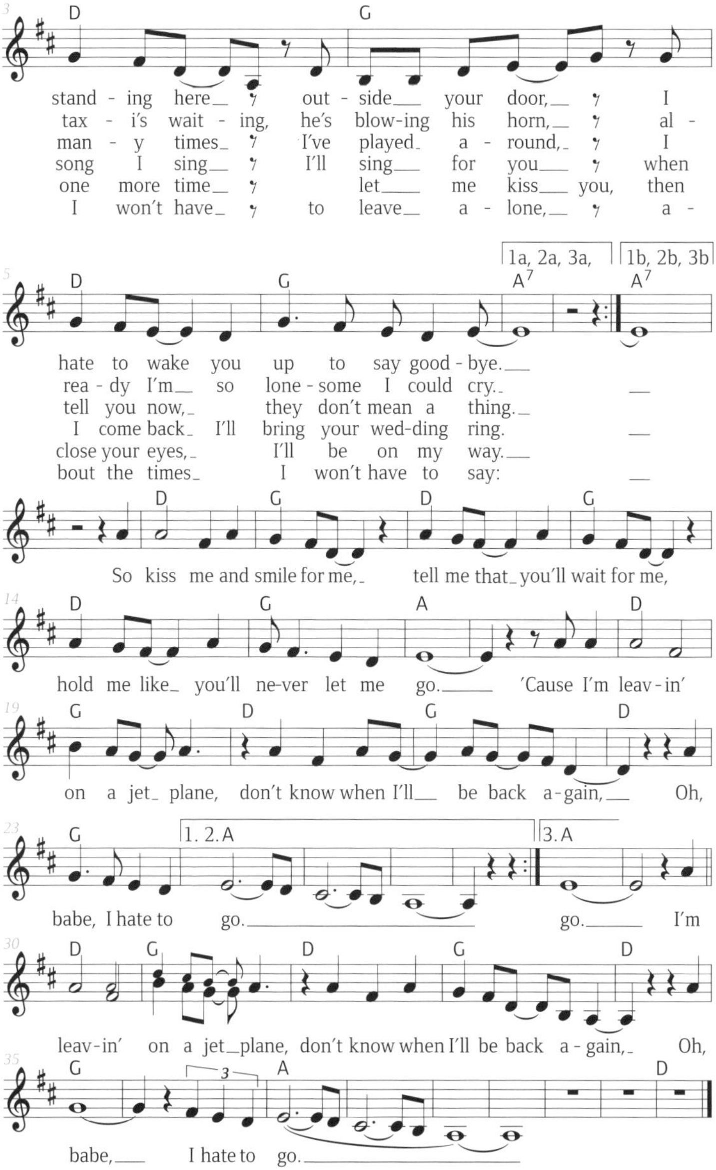
D G
stand - ing here out - side your door, I
tax - i's wait - ing, he's blow-ing his horn, al -
man - y times I've played a - round, I
song I sing I'll sing for you when
one more time let me kiss you, then
I won't have to leave a - lone, a -
1a, 2a, 3a, 1b, 2b, 3b
D G A7 A7
hate to wake you up to say good - bye.
rea - dy I'm so lone - some I could cry.
tell you now, they don't mean a thing.
I come back I'll bring your wed-ding ring.
close your eyes, I'll be on my way.
bout the times I won't have to say:
D G D G
So kiss me and smile for me, tell me that you'll wait for me,
D G A D
hold me like you'll ne-ver let me go. 'Cause I'm leav-in'
G D G D
on a jet plane, don't know when I'll be back a-gain, Oh,
G 1. 2. A 3. A
babe, I hate to go. go. I'm
D G D G D
leav-in' on a jet plane, don't know when I'll be back a - gain, Oh,
G 3 A D
babe, I hate to go.

T und M: John Denver | Interpreten: John Denver, 1969, Peter, Paul & Mary, 1969

Let it be

♩ = 72

2|20

1. When I   find   my-self__   in   times of   troub-le
2. ⁊ And when the bro — ken - heart-ed   peo-ple
3. ⁊ And when the night   is   clou-dy   there is

F   C

d   B   F

moth-er   Ma — ry   comes to me,   speak-ing words of wis-
liv-ing   in__   the   world a-gree,   there will   be   an ans-
still a   light   that   shines on me,   shines un - til   to-mor-

C   B   (F/A g⁷) F

- dom,   let it   be.__   And in my   hour of dark-
- wer,   let it   be.__   For though they may   be part-
- row,   let it   be.__   I   wake up   to   the sound

C   d   B

- ness she is   stand - ing   right in   front__ of   me__
- ed there is   still__   a   chance that   they__ will   see,__
__ of   mu-sic,   moth - er   Ma - ry   comes__ to   me,__

F   C   B   (F/A g⁷) F

speak-ing   words   of   wis - dom,   let it   be.____
there will   be   an   ans - wer,   let it   be.____
there will   be   no   sor - row,   let it   be.____

d   C   B

1.–3. Let it   be,__   let it   be,   let it   be, __   let it   be,

F   C   B   (F/A g⁷) F

__   whis-per   words   of   wis - dom,   let it   be.__

Nach 2. Strophe Refrain 2×. Nach 3. Strophe Refrain 3×, dann Coda.

B   F   C   B   F

T und M: John Lennon/Paul McCartney | Interpreten: The Beatles, 1970

66

Let's dance

♩ = 153

1. Hey ba - by, won't you take a chance?
2. Hey ba - by, yeah you thrill me so._
3. Hey ba - by, if you're all a - lone_
4. Hey ba - by, things are swing - in' right,_

Say that you'll let me have this dance._ Let's
Hold me tight, don't you let me go._
may - be you'll let me walk you home._
yes I know that this is the night._

dance, let's dance.

We'll do the twist, the stomp, the mashed po -

ta - toes too._ An - y old dance that you

want to do_ but let's_ dance,

let's dance.

Let's dance, let's dance.

T und M: Jim Lee | Interpreten: Ola & The Janglers/Chris Montez, 1957

67

Let's get loud

♩ = 132

2|22

Let's get loud, let's get loud._____ Turn the
Turn the
Ain't no-

mu - sic up, let's do it, come__ on peo-ple,
mu - sic up to hear that sound.
bo - dy got - ta tell ya what__

_____ you gotta do. **1.** If you wan - na live your
(2.) par - ty, make it
(3.) to be big

life,_____ live_____ it all the way and don't you
hot,_____ dance,___ don't ev - er stop, what - ev - er
fun you're not hurt - ing a - ny - one, no - bo - dy

waste it. Ev - 'ry feel-ing, ev - 'ry beat can be__
rhy - thm. Ev - 'ry min - ute, ev - 'ry day,____ take
los - es. Let the mu - sic make you free, be what

__ so ver - y sweet, you got - ta taste it.
__ them all the way, you got - ta live 'em.
__ you wan - na be, make no ex - cus - es.

1.u.2. You got - ta do it,
3. Do_____

1.-3. You got - ta do it, you got - ta

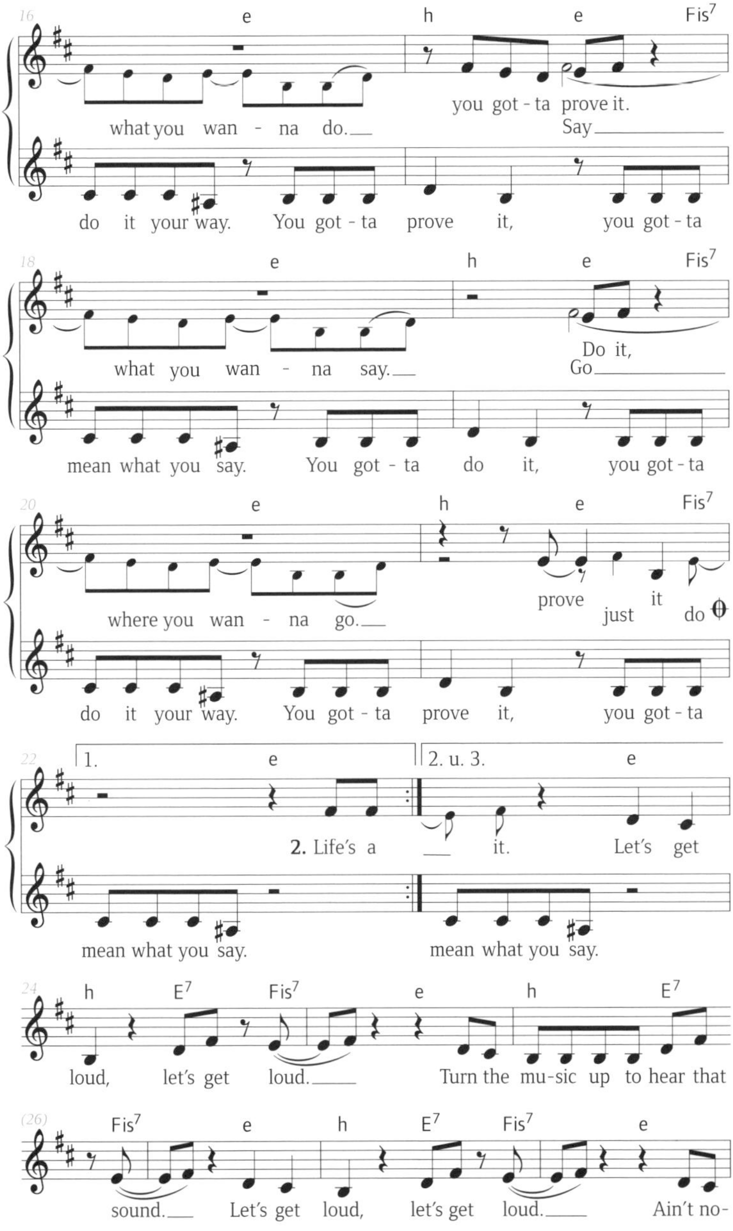
16
e h e Fis7
what you wan - na do.
you got - ta prove it.
Say
do it your way. You got - ta prove it, you got - ta
18
e h e Fis7
what you wan - na say.
Do it,
Go
mean what you say. You got - ta do it, you got - ta
20
e h e Fis7
where you wan - na go.
prove it
just do
do it your way. You got - ta prove it, you got - ta
22
1. e
2. u. 3. e
2. Life's a
it. Let's get
mean what you say.
mean what you say.
24
h E7 Fis7 e h E7
loud, let's get loud. Turn the mu-sic up to hear that
(26)
Fis7 e h E7 Fis7 e
sound. Let's get loud, let's get loud. Ain't no-

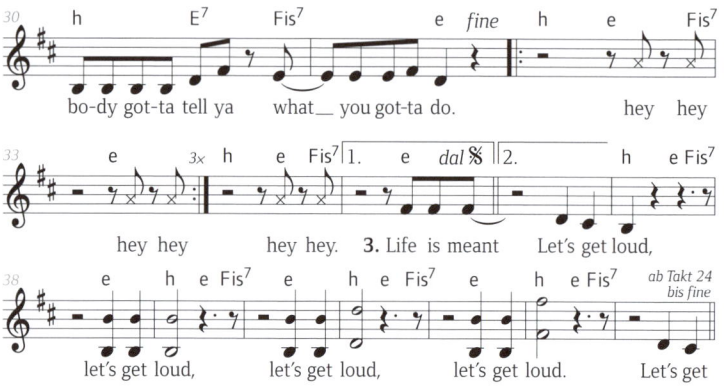

h E7 Fis7 e fine h e Fis7
bo-dy got-ta tell ya what_ you got-ta do. hey hey
e 3x h e Fis7 1. e dal 𝄋 2. h e Fis7
hey hey hey hey. 3. Life is meant Let's get loud,
e h e Fis7 e h e Fis7 e h e Fis7 ab Takt 24 bis fine
let's get loud, let's get loud, let's get loud. Let's get

T und M: Gloria Estefan/Kike Santander | Interpretin: Jennifer Lopez (1999)

Let's twist again

♩ = 168

2|23

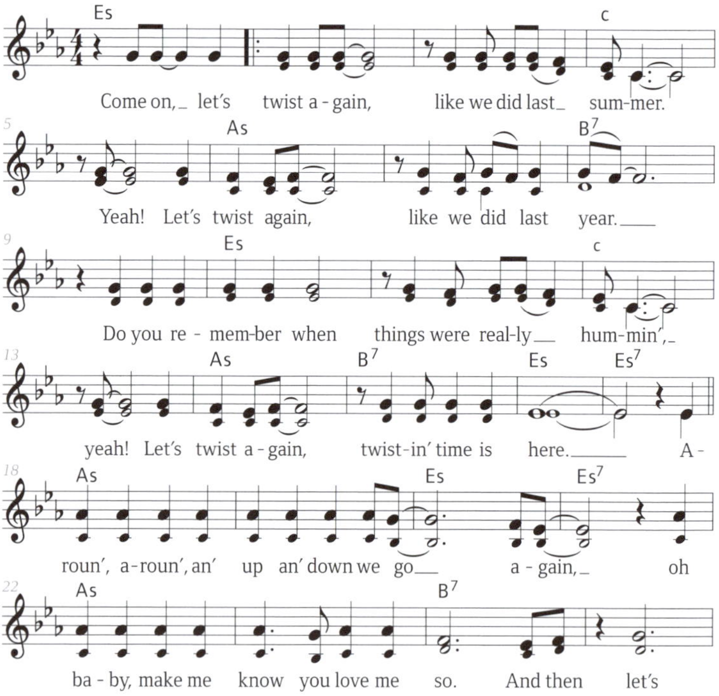
Es c
Come on,_ let's twist a-gain, like we did last_ sum-mer.
As B7
Yeah! Let's twist again, like we did last year.___
Es c
Do you re - mem-ber when things were real-ly__ hum-min',_
As B7 Es Es7
yeah! Let's twist a-gain, twist-in' time is here.______ A-
As Es Es7
roun', a-roun', an' up an' down we go__ a-gain,_ oh
As B7
ba-by, make me know you love me so. And then let's

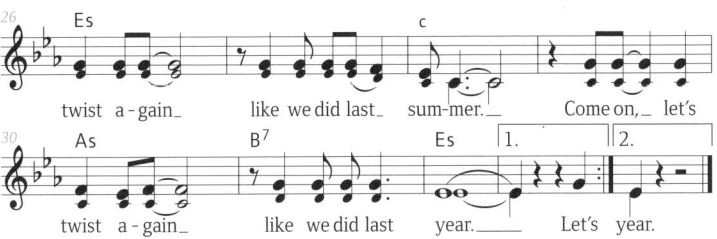

Es c
twist a-gain like we did last sum-mer. Come on, let's
As B7 Es 1. 2.
twist a-gain like we did last year. Let's year.

T und M: Kal Mann/Dave Appell | Interpret: Chubby Checker ↗ S. 189

Leuchte, helles, klares Licht

C a G C a
1. Ich bin ein hel - les, kla - res Licht. Ich bin ein hel - les,
2. Ich bin gut, so wie ich bin. Ich bin gut, so
F G C C7 F C
kla - res Licht. Ich bin ein hel - les, kla - res Licht, ein
wie ich bin. Ich bin gut, so wie ich bin, bin
D7 G d d/C
hel - les, kla - res Licht. Leuch - te, hel - les,
gut, so wie ich bin. Ich bin gut, so
G/H G C C/H F/A a/G
kla - res Licht. Leuch - te, hel - les,
wie ich bin. Ich bin gut, so
D/Fis D G F/A G/H C7
kla - res Licht. Leuch - te, hel - les, kla - res
wie ich bin. Ich bin gut, so wie ich
F C/G F/G G74 G7 C
Licht. Leuch-te, hel - les, kla - res Licht.
bin. Ich bin gut, so wie ich bin.

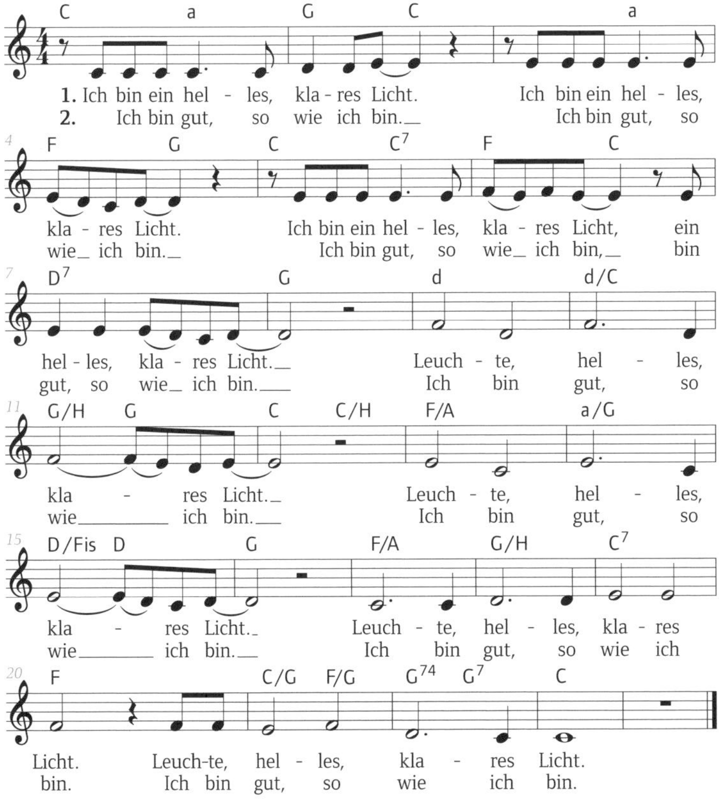

T und M: Bernd Riede

Leuchtturm

♩ = 115

3|1

1.–4. So wie es ist und_ so wie du bist, bin ich im-mer wie-der für dich da.__ Ich lass' dich nie mehr al-lei-ne,__ das ist dir hoffent-lich klar.

Ah,_____

ah,_____ ah._____

fine

1. In die-sem Au-gen-blick ❜ hat die Lie-be uns ge-nom-men und ist, oh-ne uns zu fra-gen, mit uns raus aufs Meer geschwommen. Und ich lieg' in dei-nen Ar-men, und die Wel-len woll'n uns ger-ne tra-gen. Und ich

2. Mit dir bin ich zu Hau-se an-ge-kom-men oh-ne Ziel. ❜ Was wir brauchen, sind wir bei-de, da-von brau-chen wir so viel. ❜ Und wir geb'n uns neu-e Na-men und ich schlaf' so ger-ne mit dir ein._____ Und ich

72

T: Nena Kerner | M: Jörn-Uwe Fahrenkrog-Petersen/Nena Kerner | Interpretin: Nena, 1983 und 2002

L

Liebe ist alles

3|2

♩ = 92

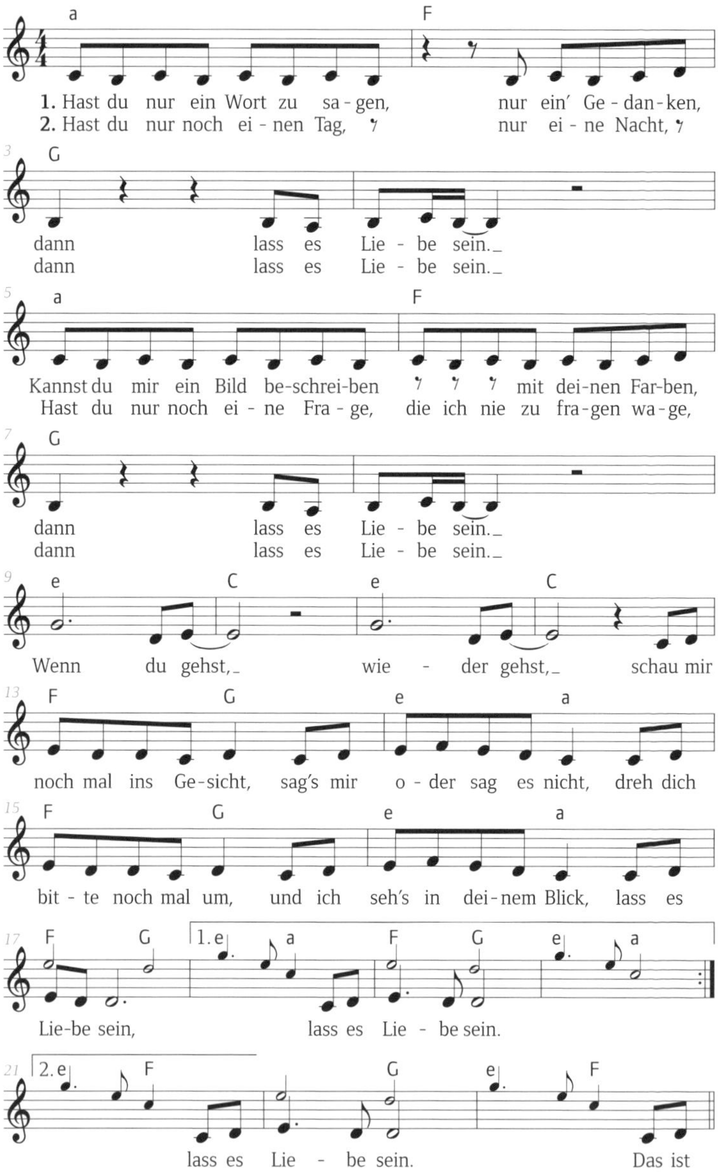
a F
1. Hast du nur ein Wort zu sa - gen, nur ein' Ge - dan - ken,
2. Hast du nur noch ei - nen Tag, nur ei - ne Nacht,
3 G
dann lass es Lie - be sein._
dann lass es Lie - be sein._
5 a F
Kannst du mir ein Bild be-schrei-ben mit dei-nen Far-ben,
Hast du nur noch ei - ne Fra - ge, die ich nie zu fra-gen wa-ge,
7 G
dann lass es Lie - be sein._
dann lass es Lie - be sein._
9 e C e C
Wenn du gehst,_ wie - der gehst,_ schau mir
13 F G e a
noch mal ins Ge-sicht, sag's mir o - der sag es nicht, dreh dich
15 F G e a
bit - te noch mal um, und ich seh's in dei-nem Blick, lass es
17 F G 1. e a F G e a
Lie-be sein, lass es Lie - be sein.
21 2. e F G e F
lass es Lie - be sein. Das ist

al-les, was wir brau-chen, noch viel mehr als gro-ße Wor-te, lass das
al-les hin-ter dir, fang noch mal von vor-ne an, denn

nur beim 1. Mal

Lie - be ist al - les, Lie - be ist al - les,

(nur beim 1. Mal)

Lie - be ist al - les, al - les, was wir brau-chen.

Lie - be ist al - les, Lie - be ist al - les,

Lie - be ist al - les, al - les, was wir brau-chen, lass es

Lie-be sein.___ Das ist

2.e a F G e a F G e a

2×
wiederholen

Lass es Lie - be sein.___

T: Peter Plate/Ulf Leo Sommer/Anna Err | M: Peter Plate/Ulf Leo Sommer | Interpreten: Rosenstolz, 2004

Light my fire

♩ = 128

313

1. You know that it would be un - true,___ you
2. The time to hes - i - tate is through,_ no

know that I would be a li - ar, if I was to say_ to you,
time to wal-low in the mi - re. Try now we can on - ly lose.

___ girl, we could-n't get much high - er.
___ And our love be-come a fune-ral py - re.

1.-2. Come on, ba-by, light my fi - re, come on, ba-by, light my fi-

- re, try to set the night on fi - re.___

2. ab hier im Original eine Oktave höher

3. You know that it would be un - true___ you
know that I would be a li - ar,
if I was to say to you,___
girl we couldn't get much high - er.

Come on, ba-by, light my fi - re, come on, ba-by, light my fi -

- re, try to set the night on fi - re,

try to set the night on fi - re.___

T und M: Jim Morrison/Ray Manzarek/Robby Krieger/John Densmore | Interpreten: The Doors, 1967

Love is all around

♩ = 85

3|4

1. I feel it in my fin-gers, I feel it in my toes,__
2. I see your face be-fore me as I lay on my bed.__

the love that's all a-round me, and so the fee-ling grows.
I can-not get to think-ing all of the things you said.__

__ It's writ-ten on the wind, it's ev'-ry
__ You get your pro-mise to me and I gave

where I go.__ So if you real-ly love me
mine to you.__ I need some-one be-side me

come on and let it show. **1.u.2.** You know I love you, I
in ev'-ry thing I do.__

al-ways will, my mind's made up by the way that I feel. There's

no be-gin-ning, there'll be no__ end,__ 'cause on my__ love__ you

| 1. D e | G A | D e | G A | | 2. |

can de - pend.

It's writ-ten in __ the wind ev'-ry where I go.__

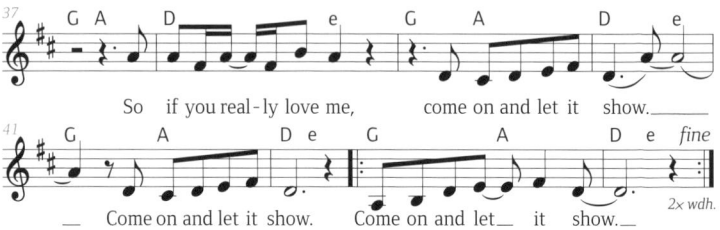

37
G A D e G A D e
So if you real-ly love me, come on and let it show.
41
G A D e G A D e fine
Come on and let it show. Come on and let it show.
2x wdh.

T und M: Reg Presley | Interpreten: The Troggs (1967), Wet Wet Wet (1994)

Love is blue (L'amour est bleu)

♩ = 114

3|5

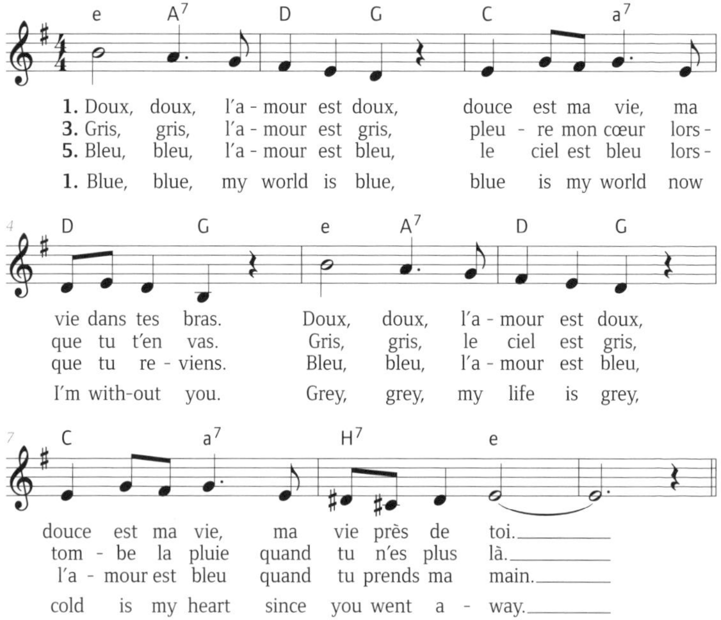

e A7 D G C a7
1. Doux, doux, l'a - mour est doux, douce est ma vie, ma
3. Gris, gris, l'a - mour est gris, pleu - re mon cœur lors -
5. Bleu, bleu, l'a - mour est bleu, le ciel est bleu lors -
1. Blue, blue, my world is blue, blue is my world now
4
D G e A7 D G
vie dans tes bras. Doux, doux, l'a - mour est doux,
que tu t'en vas. Gris, gris, le ciel est gris,
que tu re - viens. Bleu, bleu, l'a - mour est bleu,
I'm with-out you. Grey, grey, my life is grey,
7
C a7 H7 e
douce est ma vie, ma vie près de toi.
tom - be la pluie quand tu n'es plus là.
l'a - mour est bleu quand tu prends ma main.
cold is my heart since you went a - way.

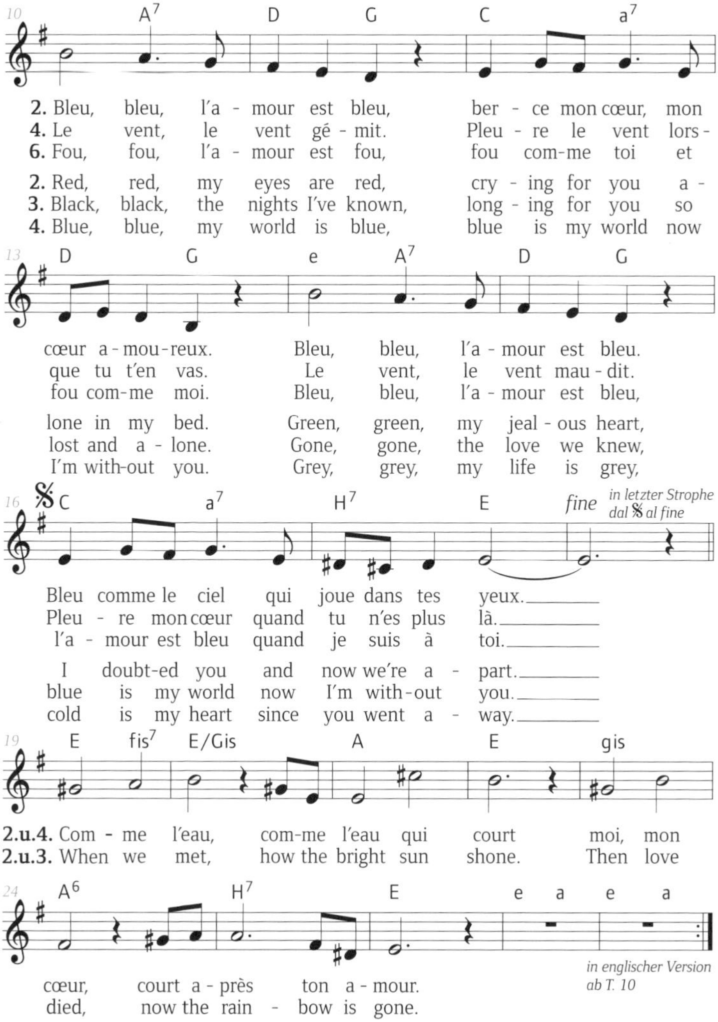
A7 D G C a7
2. Bleu, bleu, l'a - mour est bleu, ber - ce mon cœur, mon
4. Le vent, le vent gé - mit. Pleu - re le vent lors -
6. Fou, fou, l'a - mour est fou, fou com-me toi et
2. Red, red, my eyes are red, cry - ing for you a -
3. Black, black, the nights I've known, long - ing for you so
4. Blue, blue, my world is blue, blue is my world now
D G e A7 D G
cœur a - mou - reux. Bleu, bleu, l'a - mour est bleu.
que tu t'en vas. Le vent, le vent mau - dit.
fou com-me moi. Bleu, bleu, l'a - mour est bleu,
lone in my bed. Green, green, my jeal - ous heart,
lost and a - lone. Gone, gone, the love we knew,
I'm with-out you. Grey, grey, my life is grey,
C a7 H7 E fine
in letzter Strophe dal 𝄋 al fine
Bleu comme le ciel qui joue dans tes yeux.
Pleu - re mon cœur quand tu n'es plus là.
l'a - mour est bleu quand je suis à toi.
I doubt-ed you and now we're a - part.
blue is my world now I'm with-out you.
cold is my heart since you went a - way.
E fis7 E/Gis A E gis
2.u.4. Com - me l'eau, com-me l'eau qui court moi, mon
2.u.3. When we met, how the bright sun shone. Then love
A6 H7 E e a e a
cœur, court a - près ton a - mour.
died, now the rain - bow is gone.
in englischer Version ab T. 10

T: Bryan Blackburn (engl.)/Pierre Cour (franz.) | M: André Popp | Interpretin: Vicky Leandros, 1967

Das Lied sang **Vicky Leandros** 1967 beim Grand Prix Eurovision de la Chanson (heute: Eurovision Song Contest). Das Stück hat zahlreiche Bearbeitungen erfahren und ist vor allem in der englischen Version zum Evergreen geworden, auch als Instrumentalstück.

Love me tender

♩ = 78

3|6

1. Love me ten-der, love me sweet, nev-er let me go.___
2. Love me ten-der, love me long, take me to your heart.
3. Love me ten-der, love me dear, tell me you are mine.
4. When at last my dreams come true, dar-ling, this I know:

You have_made my life com-plete, and I love you so.___
For it's_there that I be-long, and we'll nev-er part.__
I'll be_yours through all the years, till the end of time.__
Hap-pi-ness will fol-low you_ ev-'ry where you go.___

Love me ten-der, love me true, all my dreams ful-

fill. For, my dar-lin' I love you,_

1.-3. and I al-ways will. 4. and I al-ways will.

T und M: Elvis Presley/Vera Matson | Interpret: Elvis Presley, 1956

Elvis Presley (1935–1977) war ein US-amerikanischer Rocksänger, Gitarrist und Schauspieler. Er begann seine Laufbahn Mitte der 1950er-Jahre. Presley wird „King of Rock 'n'
Roll" genannt und gilt mit über einer Milliarde verkaufter Tonträger als der erfolgreichste
Solo-Künstler. „Love me tender" wurde 1861 komponiert und durch Elvis Presley und
später weitere Interpreten zu einem Evergreen.

L

Love story

♩ = 84

3|7

(music notation with chords: g, D⁷/Fis, g, g/F, Es, D⁷, g, Gʲ⁷, G⁷, c, F⁷, Bʲ⁷, Esʲ⁷, Aᴓ, D⁷, g, c, F⁷, Bʲ⁷, Es, A⁷, D⁷, g)

1. Where do I be-gin to tell the sto-ry of how great a love can
2. With her first hel-lo she gave a mean-ing to this emp-ty world of
3. How long does it last? Can love be meas-ured by the hours in a

be, the sweet love sto-ry that is old-er than the sea,
mine. There'd nev-er be an-oth-er love, an-oth-er time;
day? I have no an-swers now, but this much I can say:

the sim-ple truth a-bout the love she brings to me?
she came in-to my life and made the liv-ing fine.
I know I'll need her till the stars all burn a-way,

1. Where do I start?_____
2. She fills my heart.
3. and she'll be there.

2.u.3. She fills my heart with ver-y spe-cial things, with an-gel

songs with wild i-mag-in-ings. She fills my soul with so much

love that an-y-where I go I'm nev-er lone-ly. With her a-

long, who could be lone-ly? I reach for her hand; it's al-ways

there._____ *es folgen 3. Strophe,*
Refrain, 3. Strophe bis ◐ and she'll be there._____

T: Carl Sigmann (deutscher Text: Kurt Feltz) | M: Francis Lai | Interpret: Karel Gott, 1971

81

Major Tom (Völlig losgelöst)

318

♩ = 164

1. Gründ-lich durch-ge-checkt ɤ steht sie da und__
2. Ef - fek - ti - vi - tät be-stimmt das Han - deln,
3. Erd - an - zie-hungs-kraft ist ü - ber-wun - den,__
4. Im Kon-troll-zent-rum, da wird man pa - nisch, der
5. Un - ten trau-ern noch die E - go - is - ten,__

war - tet auf den Start – al - les klar. Ex -
man ver-lässt sich blind auf den an - dern.
al - les läuft per-fekt, schon seit Stun - den
Kurs der Kap - sel, der stimmt ja gar nicht.
Ma - jor Tom denkt sich, wenn die wüss - ten.

per - ten strei-ten sich um ein paar Da - ten,
Je - der weiß ge - nau, was von ihm ab - hängt,
wis - sen-schaft-li - che Ex - pe - ri - men - te,
Hal - lo, Ma - jor Tom, kön - nen Sie hö - ren?
Mich führt hier ein Licht ɤ durch das All,

die Crew hat dann noch ein paar Fra - gen, doch
je - der ist im Stress, ɤ doch Ma - jor Tom
doch was nüt-zen die ɤ am En - de, denkt
Woll'n Sie das Pro - jekt denn so zer-stö - ren? Doch
das kennt ihr noch nicht – ɤ ich kom - me bald,

| 1. u. 3. | 2., 4., 5. |

der Count-down läuft.
macht ei - nen Scherz. Dann hebt er ab und:
sich Ma - jor Tom. er schwebt__ wei - ter.
er kann nichts hör'n. Er schwebt__ wei - ter.
ɤ mir wird kalt. — — — — —

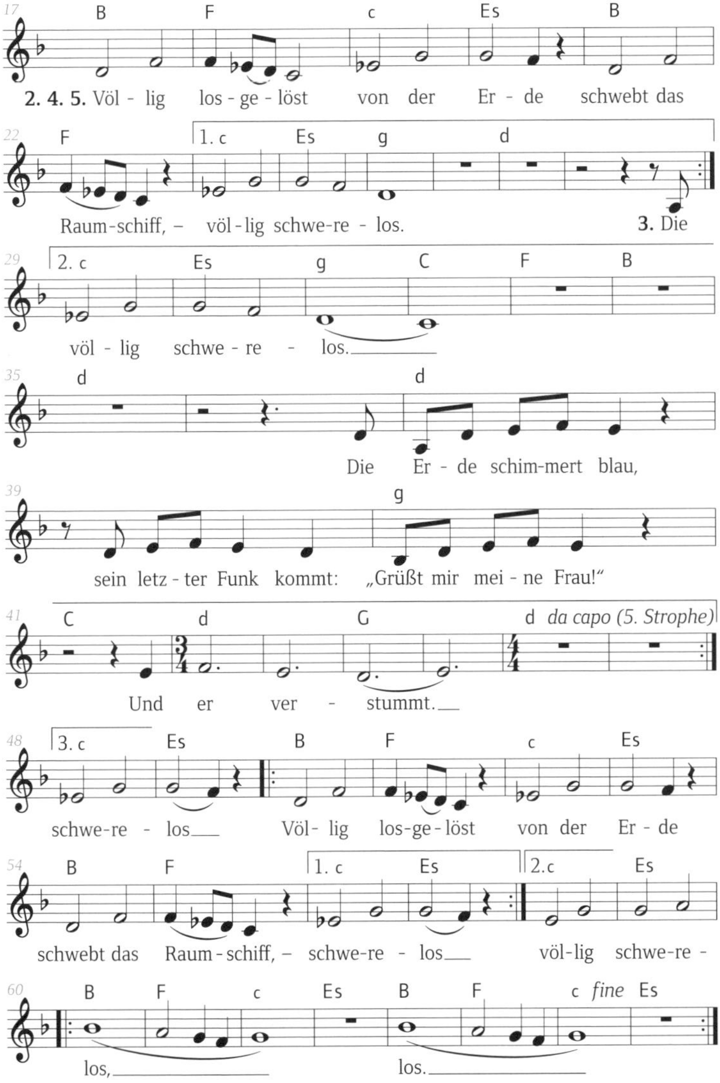

17
B F c Es B
2. 4. 5. Völ - lig los - ge - löst von der Er - de schwebt das
22
F 1. c Es g d
Raum-schiff, – völ-lig schwe-re - los. 3. Die
29
2. c Es g C F B
völ - lig schwe - re - los.
35
d d
Die Er - de schim-mert blau,
39
g
sein letz - ter Funk kommt: „Grüßt mir mei - ne Frau!"
41
C d G d da capo (5. Strophe)
Und er ver - stummt.
48
3. c Es B F c Es
schwe-re - los Völ- lig los-ge-löst von der Er - de
54
B F 1. c Es 2.c Es
schwebt das Raum-schiff, – schwe-re - los völ-lig schwe-re -
60
B F c Es B F c fine Es
los, los.

T und M: Peter Schilling | Interpret: Peter Schilling, 1982

27 𝄋 Es ⸻ As Des/As As

Mam-ma mi-a,   here I go a-gain.   My   my,   how

30 Es

_ can I re-sist you?   Mam-ma mi-a,   does it show a-gain?

33 As Des/As As   Es

My my,   just_ how much I've missed you.   Yes, _ I've been bro-

36 F/A   c   c/B

-ken - hear-ted,   blue_ since the day _ we   par-ted.

39 As   Des As   f   B   𝄉 Es

Why, why   did_ I ev-er let you go?_   Mam-ma mi-a,

42 ⌐1.c ⸻⸻   As Des As   f   B

now I real-ly know,   my my,   I_ could nev-er let you go._

45 ⌐2.Es ⸻⸻   As   Des As

ev-en if I say_   bye-bye,   leave_me now or nev-er.

48 Es ⸻⸻   As   Des As

Mam-ma mi-a,   it's a game we play,   bye-bye does-

dal 𝄋 _al_ 𝄉   𝄉 Es   c

-n't mean for-ev-er.   Mam-ma mi-a,   now I real-ly know,

54 As Des As   B   Es

Schluss: Takt 1–6 ohne Wdh.
+ Schlusston

my my,   I_ could nev-er let you go._

T und M: Benny Andersson/Björn Ulvaeus/Stig Anderson | Interpreten: ABBA, 1975 ↗ S. 189

Männer

♩ = 187

3|10

d   B   C

1. Män-ner nehm'n in den Arm, __ Män-ner ge-ben   Ge-
2. Män-ner kau - fen Frauen,   Män-ner ste-hen stän-dig

3. Män-ner ha - ben Mus - keln, Män-ner sind __ furcht-
4. Män-ner krieg'n kei-ne Kin - der, Män-ner kriegen

F   d   B   C

1. bor-gen-heit. Män-ner wei - nen heim-lich. Män-ner brau-chen viel
2. un-ter Strom. Män-ner baggern wie blö - de. Män-ner lü - gen am

3. - bar stark. Män-ner kön-nen al - les, Män-ner krie-gen'nen
4. dünnes Haar. Män-ner sind auch Men-schen. Män-ner sind et - was

A/Cis   g   B

1. Zärt-lich-keit __ und Män-ner sind so   ver-letz - lich.
2. Te-le - fon __ und Män-ner sind all - zeit be-reit.

3. Herz-in - farkt und Män-ner sind ein - sa - me Strei-ter,
4. son-der - bar __ und Män-ner sind so ___ ver-letz - lich,

g   C⁴

1. Män-ner sind auf die-ser __ Welt __ ein-fach un-er - setz - lich.
2. Män-ner be - ste-chen durch ihr Geld __ und ih - re Läs - sig-keit.

3. müs-sen durch je - de Wand, müs-sen im-mer wei - ter.
4. Män-ner sind auf die-ser Welt __ ein-fach un-er - setz - lich.

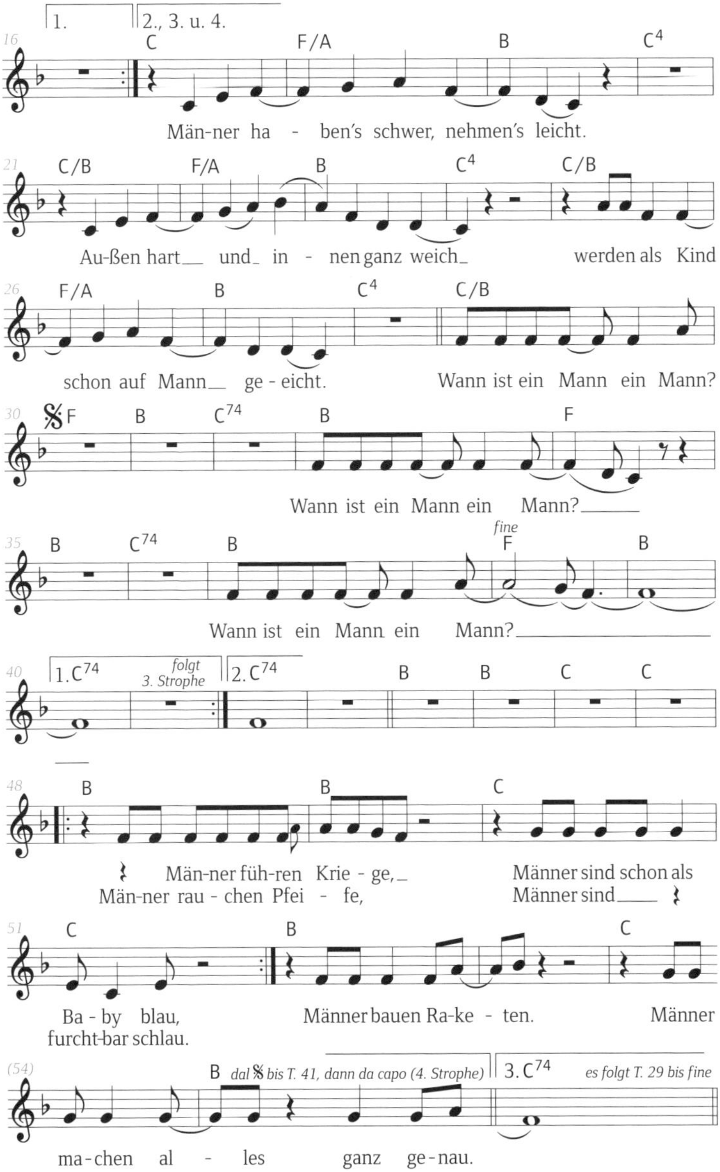
1.
2., 3. u. 4.
C F/A B C4
Män-ner ha - ben's schwer, nehmen's leicht.
C/B F/A B C4 C/B
Au-ßen hart und in - nen ganz weich werden als Kind
F/A B C4 C/B
schon auf Mann ge - eicht. Wann ist ein Mann ein Mann?
F B C74 B F
Wann ist ein Mann ein Mann?
B C74 B fine F B
Wann ist ein Mann ein Mann?
1. C74 folgt 3. Strophe 2. C74 B B C C
B B C
Män-ner füh-ren Krie - ge, Männer sind schon als
Män-ner rau - chen Pfei - fe, Männer sind
C B C
Ba - by blau, Männer bauen Ra-ke - ten. Männer
furcht-bar schlau.
B dal 𝄋 bis T. 41, dann da capo (4. Strophe) 3. C74 es folgt T. 29 bis fine
ma-chen al - les ganz ge-nau.

T und M: Herbert Grönemeyer | Interpret: Herbert Grönemeyer, 1984 ↗ S. 189

Mein kleiner grüner Kaktus

♩ = 149

3|11

G   D⁺   G   D⁺

1. Blu - men   im   Gar - ten,   so zwan-zig   Ar - ten
2. Man find't   ge - wöhn-lich   die Frau - en   ähn-lich
3. Heu - te   um   vie - re   klopft's an   die   Tü - re,

G   E⁷

von Ro - sen,   Tul - pen und Nar   -   zis   -   sen,
den Blu - men,   die sie ger - ne   tra   -   gen.
na - nu,   Be - such so früh am   Ta   -   ge?

a   E⁷   a   E

leis - ten   sich   heu - te   die kleins-ten   Leu - te.
Doch ich   sag'   täg-lich: Das ist nicht   mög-lich,
Es war   Herr   Krau - se   vom Nach-bar -   hau - se,

A⁷   D⁷

Das will ich   al - les gar nicht   wis   -   sen.
was soll'n die   Leut' sonst von mir   sa   -   gen.
er sagt: „Ver - zeih'n Sie, wenn ich   fra   -   ge.

G

1. u. 2. Mein klei - ner grü - ner   Kak - tus   steht drau - ßen am Bal -
       Was brauch ich ro - te   Ro - sen,   was brauch ich   ro - ten
3. Sie hab'n doch ei - nen   Kak - tus   auf   Ih - rem klein'n Bal -
     Der fiel so - e - ben   run - ter,   was   hal - ten Sie da -

D⁷   1.   G

kon,   hol - la - ri,   hol - la - ri,   hol - la - ro!
Mohn,   hol - la - ri,   hol - la - ri,   hol - la - ro!
kon,   hol - la - ri,   hol - la - ri,   hol - la - ro!
von?   Hol - la - ri,   hol - la - ri,

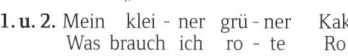

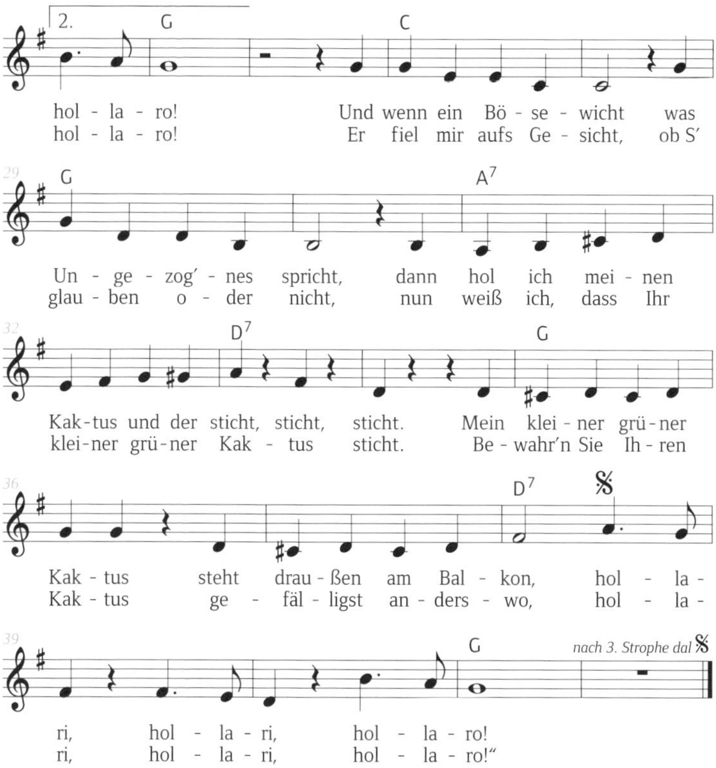
2.
G C
hol - la - ro! Und wenn ein Bö - se - wicht was
hol - la - ro! Er fiel mir aufs Ge - sicht, ob S'
G A7
Un - ge - zog' - nes spricht, dann hol ich mei - nen
glau - ben o - der nicht, nun weiß ich, dass Ihr
D7 G
Kak-tus und der sticht, sticht, sticht. Mein klei - ner grü - ner
klei-ner grü-ner Kak - tus sticht. Be - wahr'n Sie Ih - ren
D7
Kak - tus steht drau - ßen am Bal - kon, hol - la -
Kak - tus ge - fäl - ligst an - ders - wo, hol - la -
G nach 3. Strophe dal
ri, hol - la - ri, hol - la - ro!
ri, hol - la - ri, hol - la - ro!"

T: Hans Herda | M: Bert Reisfeld/Albrecht Marcuse | Interpreten: Comedian Harmonists, 1934 ↗ S. 189

Merry Christmas everyone

T und M: Bob Heatlie | Interpret: Shakin Stevens, 2001

My heart will go on

♩ = 104

1. Ev - 'ry night in my dreams I see you, I feel_ you,
   Far a - cross the dis - tance and spac - es be - tween us
2. Love can touch us one time and last for a life - time,
   Love was when I loved you, one true time I hold_ to.

that is how I know you go on. **1. Refr.:** Near,
you have come to show you go on. Once
and ne - ver let go till we're gone. **2. Refr.:** You're
In my life we'll al - ways go on. We'll

far, wher - ev - er you are,_ I be - lieve that the
more, you o - pen the door_ and you're here in my
here, there's noth - ing I fear,_ and I know that my
stay for - e - ver this way._ You are safe in my

1. heart does go on._ **2.**
heart will go on._ heart, and my
heart, and my

heart will go on and_ on.
heart will go on and_ on.

da capo 2. Strophe 1. Refrain **1.** *dal %̸ (2. Refrain) al ⊕* **2.**
on.

T und M: James Horner/Will Jennings | Interpretin: Celine Dion, 1997

My lullaby (All night, all day)

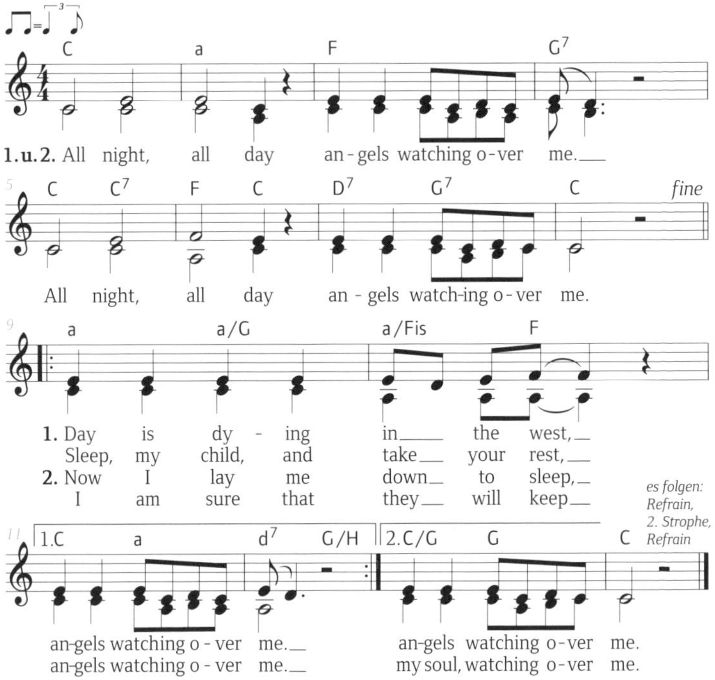

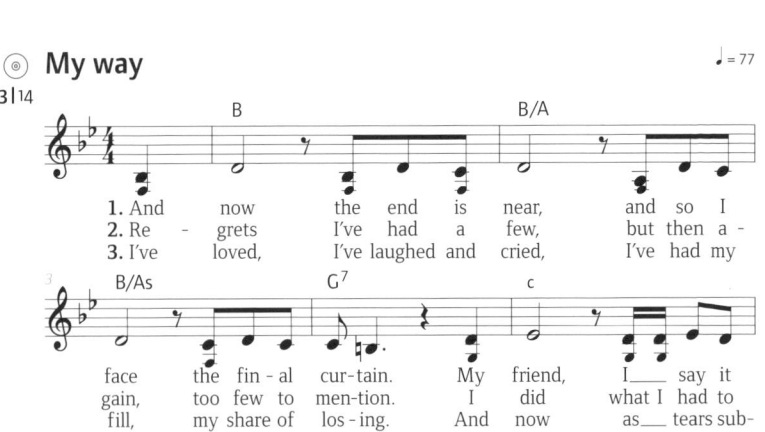

C a F G7
1.u.2. All night, all day an-gels watching o-ver me.
C C7 F C D7 G7 C fine
All night, all day an-gels watch-ing o-ver me.
a a/G a/Fis F
1. Day is dy-ing in the west,
Sleep, my child, and take your rest,
2. Now I lay me down to sleep,
I am sure that they will keep
es folgen: Refrain, 2. Strophe, Refrain
1.C a d7 G/H 2.C/G G C
an-gels watching o-ver me. an-gels watching o-ver me.
an-gels watching o-ver me. my soul, watching o-ver me.

T und M: Bernd Riede ↗ S. 189

My way

3|14

♩ = 77
B B/A
1. And now the end is near, and so I
2. Re-grets I've had a few, but then a-
3. I've loved, I've laughed and cried, I've had my
B/As G7 c
face the fin-al cur-tain. My friend, I say it
gain, too few to men-tion. I did what I had to
fill, my share of los-ing. And now as tears sub-

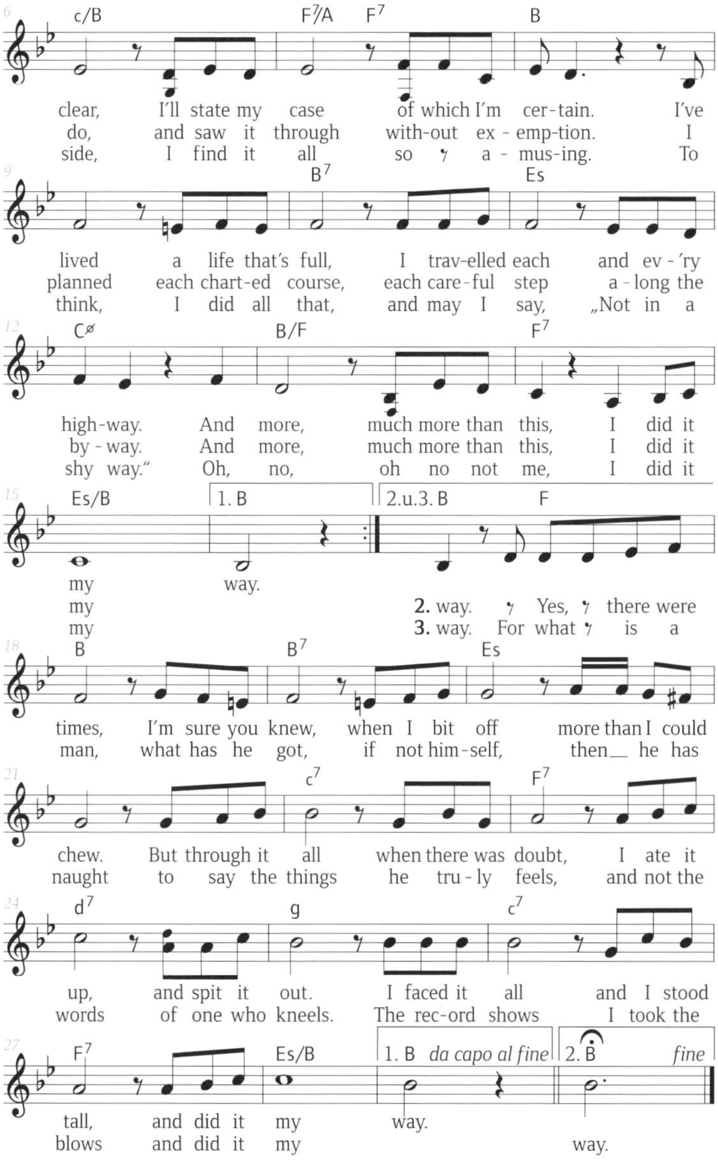
c/B F7/A F7 B
clear, I'll state my case of which I'm cer-tain. I've
do, and saw it through with-out ex - emp-tion. I
side, I find it all so a - mus-ing. To
B7 Es
lived a life that's full, I trav-elled each and ev - 'ry
planned each chart-ed course, each care-ful step a - long the
think, I did all that, and may I say, „Not in a
C∅ B/F F7
high-way. And more, much more than this, I did it
by - way. And more, much more than this, I did it
shy way." Oh, no, oh no not me, I did it
Es/B 1. B 2.u.3. B F
my way.
my 2. way. Yes, there were
my 3. way. For what is a
B B7 Es
times, I'm sure you knew, when I bit off more than I could
man, what has he got, if not him-self, then__ he has
c7 F7
chew. But through it all when there was doubt, I ate it
naught to say the things he tru - ly feels, and not the
d7 g c7
up, and spit it out. I faced it all and I stood
words of one who kneels. The rec-ord shows I took the
F7 Es/B 1. B da capo al fine 2. B fine
tall, and did it my way.
blows and did it my way.

T: Paul Anka | M: Jacques Revaux/Claude Francois | Interpret: Frank Sinatra, 1969

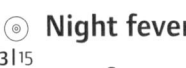

Night fever

♩ = 109

3|15

G **F**

Lis-ten to__ the ground:_ ⁊ there is move-ment all__ a - round._ There is
heat of our___ love,__don't need no help for us__ to make_ it. Gim-me

C **G**

some-thing go - in' down,__ and I can feel it. On the
just e - nough to take___ us to the morn-in'. I got

a

waves of__ the air,__ there is danc-in' out_ there._ If it's
fire in__ my mind. I get high-er in__ my walk-in'. And I'm

C **F** **G**

some - thin'__ we can share, ⁊ we can steal it. ⎱
glow - in' in the dark; ⁊ I give you warn-in'. ⎰

And that

e **F**

sweet cit-y wom - an, she moves through the light,_____ con -

e **h**

trol-ling my mind_ and my soul._____ When you

e **a** **E**

reach out for me,__ yeah, and the feel-in' is__ bright, then I get

a⁷ **d⁷**

1. night fe - ver, night fe - ver.__ We know how to do_
2. night fe - ver, night fe - ver.__ We know how to show

94

17 C⁷ |1. d⁷ |2. d⁷

__ it.
__ it.   Gim-me that

20 D   a   D

Here I am,   pray-in' for this mo-ment to last, _____

23 a   D   a

liv-in' on the mu-sic so fine,___   borne on the wind,

25 D   a   D   A

__ mak-in' it mine. _____

28 𝄋 a⁷   d⁷

Night fe-ver, night fe-ver.___   We know how to do__

30 C⁷   d⁷   a⁷

__ it.   Gim-me that night fe-ver, night fe-ver.

33 d⁷   C⁷   fine

__   We know how to show__ it.

35 |1. d⁷   da capo |2. d⁷   dal 𝄋 al fine

In the   Gim-me that

T und M: Barry, Robin und Maurice Gibb | Interpreten: Bee Gees, 1977 ↗ S. 189

Non, je ne regrette rien

T: Michel Vaucaire (engl. Text: Irving Taylor) | M: Charles Dumont | Interpretin: Edith Piaf, 1961 ↗ S. 190

Over the rainbow

♩ = 85

3|17

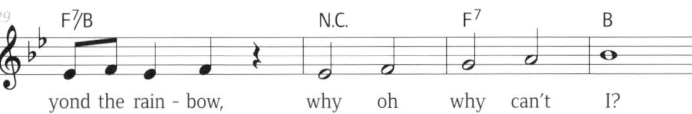

Some-where o - ver the rain - bow, way up high,
Some-where o - ver the rain - bow skies are blue,

there's a land that I heard of once in a lull - a -
and the dreams that you dare to dream real-ly do come

1. B
by.

2. B
true. Some day I'll wish up-on a star and

wake up where the clouds are far be - hind me._____ Where

trou-bles melt like lem-on drops a - way, a-bove the chim-ney tops that's

where you'll find me. Some-where o - ver the rain-bow,

blue-birds fly. Birds fly o - ver the rain-bow, why then, oh

why can't I? If hap-py lit-tle bluebirds fly be-

yond the rain - bow, why oh why can't I?

T: E. Y. Harburg | M: Harold Arlen | Interpretin: Judy Garland, 1939 ↗ S. 190

Pastime paradise

♩ = 80

3|18

1. They've been spend - ing most_ their lives_ liv - ing
2. They've been spend - ing most_ their lives_ liv - ing
3. They've been spend - ing most_ their lives_ liv - ing

in a pas - time par - a - dise. They've been spend - ing most
in a fu - ture par - a - dise. They've been spend - ing most
in a pas - time par - a - dise. They've been spend - ing most

_ their lives_ liv - ing in a pas - time par - a - dise.
_ their lives_ liv - ing in a fu - ture par - a - dise.
_ their lives_ liv - ing in a pas - time par - a - dise.

They've been wast - ing most_ their time_ glo - ri -
They've been look - ing in_ their minds_ for the
They've been spend - ing most_ their lives_ liv - ing

fy - ing days_long gone_ be - hind._ They've been wast - ing most
day that sor - rows lost_from time._ They keep tell - ing of _
in a fu - ture par - a - dise._ They've been spend - ing most

_their days in re-mem-brance of ig - no-rance old - est praise. Tell me
_ the day_ when the Sav-iour of love_ will come to stay. Tell me
their lives liv-ing in a fu-ture_ par - a - dise.

who_ of _ them will come_ to_ be?_ How man-
who_ of _ them will come_ to_ be?_ How man-

98

T und M: Stevie Wonder | Interpret: Stevie Wonder, 1976, Ray Barretto, 1979; Coolio, 1995 ↗ S. 190

Pata pata

♩ = 145

3|19

1.–6. Sa-gu-gu-ga sa-thi be-ga, nan-tsi_ pa-ta pa. Sa-gu-gu-ga sa-thi

Chor (ein- oder zweistimmig)

nicht zu Beginn: (Pa - ta,)   nan-tsi_ pa-ta pa - ta,

be-ga, nantsi_ pa-ta. **1.,3.,5.** Pa-ta yi yo mama yi-yo ma, nan-tsi_ pa-ta

fine (im letzten Takt nur Chor)

(im freien Rhythmus **2.** „Pata pata" is the name of a dance
gesprochen) **4.** Every Friday and Saturday night

nan-tsi_ pa-ta Pa-ta, nan-tsi_ pa-ta

pa-ta yi yo mama yi-yo ma, nan-tsi_ pa-ta pa-ta yi yo mama yi-yo
we do down Johannesburg way. And everybody starts
it's pata - pata - time. The dance keeps

pa - ta, nan-tsi_ pa-ta pa - ta,

da capo (nach 5. Strophe bis fine)

ma, nan-tsi_ pa-ta pa-ta yi-yo mama yi yo ma, nan-tsi_ pa.
to move as soon as pata pata starts to play.
going all night long till the morning sun begins to shine.

nan-tsi,_ pa-ta pa - ta, nan-tsi_ pa-ta.

T: Bene Müller | M: Miriam Makeba/Jerry Ragovoy | Interpretin: Miriam Makeba, 1956 ↗ S. 191

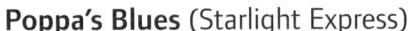

Poppa's Blues (Starlight Express)

|20

♩ = 94

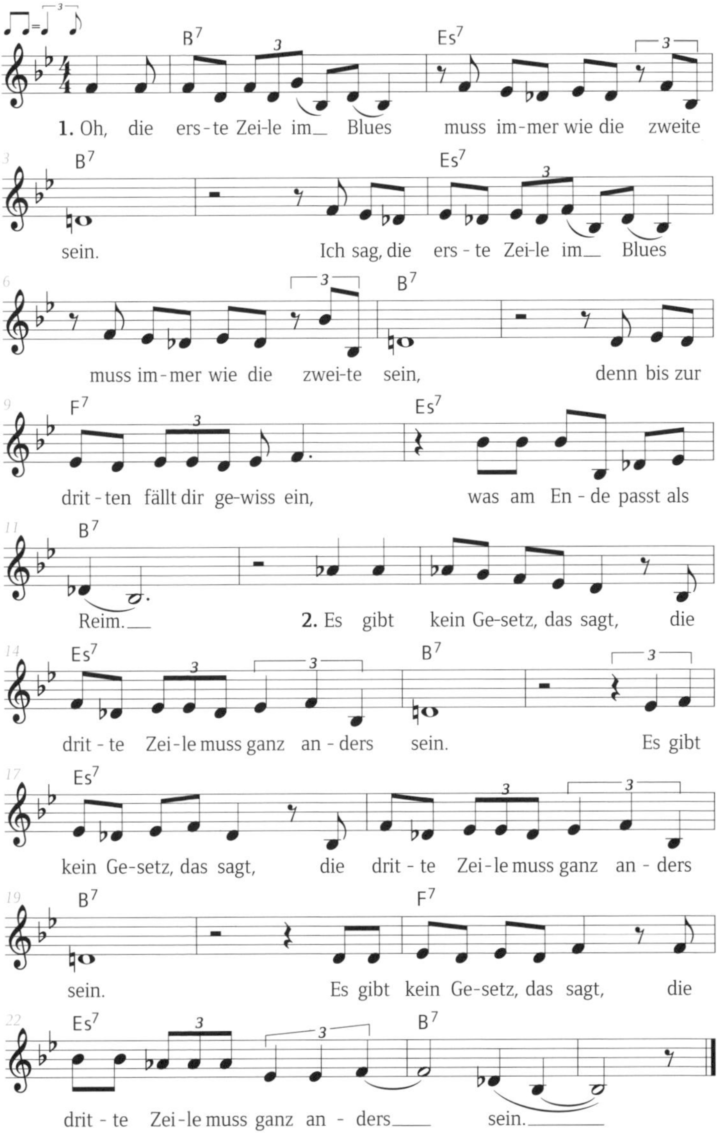

B7
Es7
1. Oh, die ers-te Zei-le im_ Blues muss im-mer wie die zweite
B7
Es7
sein. Ich sag, die ers - te Zei-le im_ Blues
B7
muss im-mer wie die zwei-te sein, denn bis zur
F7
Es7
drit - ten fällt dir ge-wiss ein, was am En - de passt als
B7
Reim._ 2. Es gibt kein Ge-setz, das sagt, die
Es7
B7
drit - te Zei - le muss ganz an - ders sein. Es gibt
Es7
kein Ge-setz, das sagt, die drit - te Zei - le muss ganz an - ders
B7
F7
sein. Es gibt kein Ge-setz, das sagt, die
Es7
B7
drit - te Zei - le muss ganz an - ders_ sein._

T: Richard Stilgoe | M: Andrew Lloyd-Webber, 1984 ↗ S. 191

Probier's mal mit Gemütlichkeit

♩ = 107

3|21

(D) — D — D⁷

1.u.2. Pro-bier's mal mit Ge-müt-lich-keit, mit

G — G⁷ — D

1. Ru-he und Ge-müt-lich-keit jagst du den All-tag
2. Ru-he und Ge-müt-lich-keit ver-treibst du dei-nen

H⁷ — E⁷ — A — D

und die Sor-gen weg. Und wenn du stets ge-
gan-zen Sor-gen-kram.

D⁷ — G — G⁷

müt-lich bist_ und et-was ap-pe-tit-lich ist, dann

D — H⁷ — E⁷ — A⁷ — D — G⁷

nimm es dir, e-gal,_ von wel-chem Fleck.
nimm es dir, e-gal,_ wo-her_ es kam.

D — A⁷

1. Was soll_ ich wo-an-ders, wo's mir nicht ge-
2. Und pflückst du gern Bee-ren und piekst dich da-

D — A⁷

fällt? Ich ge-he nicht fort hier, auch nicht für
bei, dann lass_ dich be-leh-ren: Schmerz geht bald vor-

D — D⁷ — G — g

Geld. Die Bie-nen sum-men in_ der Luft, er-fül-len
bei! Du musst be-schei-den, a-ber nicht gie-rig im Le-ben

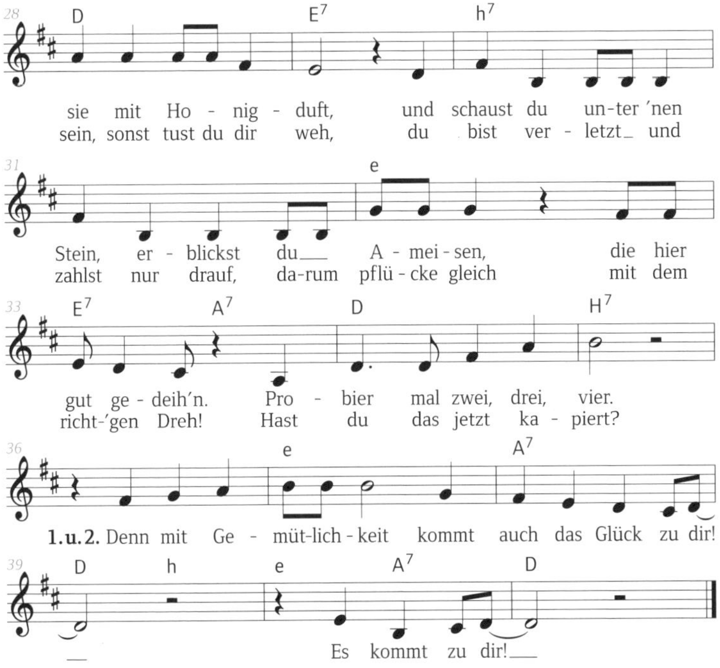
28
D E7 h7
sie mit Ho - nig - duft, und schaust du un-ter 'nen
sein, sonst tust du dir weh, du bist ver - letzt_ und
31
e
Stein, er - blickst du___ A - mei - sen, die hier
zahlst nur drauf, da-rum pflü - cke gleich mit dem
33
E7 A7 D H7
gut ge - deih'n. Pro - bier mal zwei, drei, vier.
richt-'gen Dreh! Hast du das jetzt ka - piert?
36
e A7
1.u.2. Denn mit Ge - müt-lich - keit kommt auch das Glück zu dir!
39
D h e A7 D
___ Es kommt zu dir!___

T (original) und M: Terry Gilkyson | Nachdichtung: Heinrich Riethmüller | Interpret: Balu der Bär, 1967

Dieses Lied singt Balu der Bär in dem Walt-Disney-Film „Das Dschungelbuch" für seinen Freund Mowgli.

Proud Mary

♩ = 123

3|22

1. Left a good job in the cit - y, work-ing for the
2. Cleaned a lot of plates in Mem - phis, pumped a lot of

man ev-'ry night and day and I ne-ver lost one min-
pain in New Or - leans, but I ne-ver saw the good

- ute of sleep - ing, wor-ry-in' 'bout the way things
- side of the cit - y 'til I hitched a ride on a

might have been. **1.–3.** Big wheel, keep on turn-in', proud
ri - ver boat queen.

cis

Ma-ry, keep on burn - in', rol - lin', rol-lin', rol-

*nach der 3. Strophe die letzten 4 Takte
des Refrains 2× wiederholen*

fine

- lin' on the riv - er. **3.** If you come down to the riv-

- er, bet you gon-na find some peo - ple who live.

You don't have to wor-ry 'cause you have no mo-ney, peo-ple on the

dal ℅ al fine

*Im Original nach 2. Refrain Zwischenspiel:
| DH | DH | DH | A |, dann Harmonieschema
von Strophe und Refrain*

riv-er are hap - py to give.

T und M: John Cameron Fogerty | Interpreten: Creedence Clearwater Revival, 1968

Qué será

♩ = 178

1. When I was just a lit - tle girl (boy) I asked my
2. When I grew up and fell in love I asked my
3. Now I have chil - dren of my own, they ask their

moth - er: „What will I be? Will I be
sweet - heart: „What lies a - head? Will we have
moth - er: (father) „What will I be? Will I be

pret - ty? (handsome) Will I be rich?" Here's what she
rain - bows day af - ter day?" Here's what my
pret - ty? (handsome) Will I be rich?" I tell them

said to me: 1.–3. „Qué se - rá, se - rá,
sweet - heart said:
ten - der - ly:

what - ev - er will be, will be. The fu - ture's not

ours to see. Qué se - rá, se - rá.

What will be, will be."

Qué se - rá, se - rá."

T und M: Jay Livingstone/Ray Evans | Interpretin: Doris Day, 1956 ↗ S. 191

Quien será

♩ = 119

3|24

1. ¿Quién se - rá   la   que me   quie - ra a mí?_
2. Yo   no   sé   si   la   po - dré en - con - trar,_

¿Quién se - rá,_   quién se - rá?_   ¿Quién se - rá   la   que me
yo   no   sé,_   yo   no   sé._   Yo   no   sé   si vol - ve -

dé   su a - mor?_   ¿Quién se - rá,_   quién se - rá?_
ré   a   que - rer,_   yo   no   sé,_   yo   no   sé._

1. u. 2. He que - ri - do vol - ver   a   vi - vir   la   pa - sión y el ca -

lor de o - tro a - mor,   de o - tro a - mor,   que me hi - cie - ra sen - tir,

que me hi - cie - ra   fe - líz   co - mo ay - er   lo

1. Fis⁷   dal 𝄋 1. Str.   2. Fis⁷   dal 𝄋 (1. Str.), dann
    Wdh. instrumental   Takte 5–8, dann ab ⊕

fui. ¿Quién se - rá   la   que me   fui. ¿Quién se - rá   la   que me

⊕ G   e   Fis⁷   h

¿Quién se - rá,_   quién se - rá,_   quién se - rá,_   quién se - rá?

T und M: Pablo Beltrán Ruiz | Interpret: Dean Martin, 1954 ↗ S. 191

Ragazzo dell' Europa

♩ = 135

4|1

1. Tu che guar-di ver-so di me___ hai vi-sto i to-ri nel son-
2. Tu che pren-di a cal-ci la not - te, be-vi fiu-mi di vod-
3. Tu che fai l'a-mo-re sel-vag - gio, tro-vi sem-pre un pas-sag-
4. Che in-con-tri tut-ti per ca - so non ri-tor-ni a Var-sa-

- no ed hai la-scia-to Ma-drid,___
- ka e, poi ti in-fi-li miei jeans,___
- gio per an-da-re più in là,___
- via per non fa-re il sol-da - to,

sta - i nei miei oc-chi e rac-con - ti le si-re-ne e gli in-gan-
tu co-min-ci sem-pre qual-co - sa, poi mi la-sci sos-pe-
viag-gi con quell' a - ria pre-ca - ria sem-bri quasi un po-e-
o-ra vi-vi in mezzo a u-na sfi - da per le vie di Co-lo-

- ni del tuo so-gno che va,___
- sa e non par-li di te,___
- ta den-tro ai tuoi boule-vard,___
- nia e non sai do-ve sei,___

1.-4. tu, ra-gaz - zo dell' Eu-ro - pa,

1.-3. 4.
g C F fine A⁷ A⁷

1. tu, non per - di mai_ la stra-da.
2. tu, col cuo - re fuo - ri stra-da.
3. por - ti in gi - ro la_ for-tu - na.
4. tu non pian - ti mai_ ban-die - ra.

letzten Refrain
2x wiederholen
bis fine

T und M: Gianna Nannini | Interpretin: Gianna Nannini, 1995

107

Rock around the clock

♩ = 201

T und M: Jimmy de Knight/Mac C. Freedman | Interpret: Bill Haley, 1954

nach 2. und 4. Str. instrumentales Zwischenspiel mit Harmonieschema von T. 9–20

Rockin' around the Christmas tree

♩ = 145

4|3

B   F⁷

1. Rock - in' a - round   the Christ - mas tree   at   the   Christ - mas
2. Rock - in' a - round   the Christ - mas tree   let   the   Christ - mas

(3)

par - ty hop.   Mis - tle - toe hung where you can see ev - 'ry
spir - it ring.   Lat - er we'll have some pump - kin pie and we'll

7   1.   B   2.   B

cou - ple tries to stop.   do some car - ol - ing.

11   Es   d

You will get a sen - ti - men - tal feel - ing when you hear

15   g   g/Fis   g/F   Eø   C⁷

voic - es sing - ing „Let's be jol - ly, deck the halls with

18   F⁷   B

boughs of hol - ly." Rock-in' a - round the Christ-mas tree, have a

21   F⁷

hap - py hol - i - day.   Ev - 'ry - one's danc - ing mer - ri - ly in the

25   1.   B *da capo (1. Strophe instrumental)*   2.   B

new old fash - ioned way.   new old fash - ioned way.

T und M: Johnny Marks (1958) | Interpretin: Amy Grant, 2006

Rolling in the deep

♩ = 106

4|4

H⁵   Fis⁵

1. There's a___ fire_____ start-ing in my___ heart,
2. See how_ I'll_ leave with ev - 'ry piece of___ you.
3. Ba - by,_ I_ have no sto - ry to be___ told. But

A⁵   F⁵   A⁵

reach-ing_ a fe-ver pitch and it's bringing me out the dark.
Don't un - der-es - ti-mate the_ things that I will do._
I've heard ʒ one on you now I'm gon-na make your head burn.

H⁵   Fis⁵

Fin - al - ly___ I can see you crys - tal___ clear.
There's a___ fire___ ʒ ʒ start-ing in my___ heart,
Think of_ me___ in the depth of your de - spair.

A⁵   1.   Fis⁵   A⁵

Go a-head_ and sell me out and I'll lay your shit bare.
reach - ing_ a fe - ver pitch and it's
Make_ a___ ʒ home down there as

2. u. 3.   Fis   A   G

bring-ing me out the dark._ The scars of
mine sure won't be shared.

A   fis⁷

your___ love re-mind me of___ us. They keep me
your___ love, they leave me breath - less. I can't help

1. G

think-ing that we al - most had it all. The scars of

2. Fis   𝄋 h (Gʲ⁷)

feel - ing we could have had it all._____

110

Roll-ing in the deep. _____ You had my heart and

soul _____ in your hand. And you played_ it to the beat.

it to the beat. _____ Could have had it

it with a beat - ing. Throw your soul_ through
Turn my sor - rows

ev - 'ry o - pen door. Count your_ bless - ings to
in - to treas-ured gold. You'll pay me_ back in kind and

find what you look for. We could have had it
reap just what you've sown.

all. _____ We could have had it all, _____

it all, ___ it all, ___ it all. ___ We could have had it

it, you played it, you played it, you played it to the beat. ___

T und M: Adele L. B. Adkins/Paul Epworth | Interpretin: Adele, 2011

111

Ruby Tuesday

♩ = 105

4|5

1. She would ne-ver say___ where she came from.___
2. ques-tion why she needs___ to be so free.___
3. „There's no time to lose",___ I heard her say.___ She'll

Yes-ter-day___ don't matter if it's gone.___
tell you it's___ the on - ly way to be.___
Catch your dreams be-fore they slip a - way.___

While the sun is bright___ or___
She just can't be chained___ to a
Dy - ing all the time,___

in the dark-est night,___ no one knows,___
life where no-thing's gained___ and noth-ing's lost,___
lose your dreams and you___ will lose your minds.___

she comes and goes.___
at such a cost.___
Ain't life un - kind?___

1.–3. Good - bye Ru - by Tues-day. Who could hang a name

___ on you, when you change with ev - 'ry new___ day.

| 1. u. 2. D | 3. u. 4. D *dal 𝄋* |

Still I'm gon-na miss you.   **(2.)** Don't

T und M: Mick Jagger/Keith Richards | Interpreten: Rolling Stones, 1967 ↗ S. 191

112

S.O.S.

♩ = 122

4|6

h   Fis⁷   h

1. Where are those hap-py days,_ they seem so hard to find._
2. You seem so far_ a-way_ though you are stand-ing near._

Fis⁷

I try to reach for you_ but you have closed your mind.
You made me feel a-live,_ but some-thing died, I fear._

h   D   A

What-ev-er hap-pened to_ our love?
I real-ly tried to make_ it out,_

e   h

I wish I un-der-stood,_ it used to
I wish I un-der-stood,_ what happe-ned

Fis⁷   h

be so nice,_ it used to be so good._
to our love,_ it used to be so good._

D   A   e   G   D

1.–2. So when you near me, dar-ling, can't you hear me: S._ O. S.?_

A   e   G

The love you gave me, no-thing else can save_ me, S._

D   G

_ O. S._ When you're gone_ how can I_
    When you're gone_ though I try

B   C   D   *da capo*

_ ev-en try_ to go on?_
_ how can I_ car-ry on?_

am Schluss T. 1–6 instrumental, dann T. 15–25 mit Wdh., T. 22–25 mit Wdh.

T und M: Benny Andersson/Björn Ulvaeus/Stig Anderson | Interpreten: ABBA, 1975

113

Sacrifice

4|7

♩ = 110

h / A / e

1. Can you tell me,___ soft - ly, how you'll al - ways
You ca - ress me___ smooth-ly, calm my fears and
2. Can you feel me,___ sole - ly, deep - er still and
Can you help me,___ hold_ me, whis - per to me_

Gʲ7 / fis / h / A

___ haunt_ me? Can you help me?___ Hold_ me,
___ soothe me, move your hands a - cross_ me,
___ whol - ly with your un - der - stand - ing
___ soft - ly. Move your hands a - cross_ me.

e / 1. Gʲ7 fis / 2. Gʲ7 fis

come to me now___ slow - ly.
take my wor - ries___
and your arms a - round me. ___
Take my wor - ries___ ___ from me.

𝄋 h / A / e

1.u.2. I will sac - ri - fice, I will sac-ri-fice all I have in life to

G / fis / h / A

clear my con-science. I will sac-ri-fice, I will sac - ri - fice

e / Gʲ7 fis / ⊕ 1. h / 2. h

all I have in life, sac-ri-fice, sac-ri-fice. I will
fice, will

A / e / 1. Gʲ7 fis / 2. Gʲ7 fis h A e / Gʲ7 fis ᵈᵃˡ 𝄋
al ⊕

sac - ri - fice, will sac - ri - sac - ri - fice!
sac - ri - fice, will

1. fis

⊕ h / A / e / Gʲ7 / 2. N.C.

sac-ri-fice, sac-ri-fice, sac-ri-fice, sac-ri-fice,

T: Sergej Galoyan | M: Martin Kierszenbaum | Interpreten: t.A.T.u., 2005

Sealed with a kiss

♩ = 96

4|8

1. Though we've got to say good-bye for the sum-mer,
2.u.4. Guess it's gon-na be a cold, lone-ly sum-mer, but
3. sum-mer,

dar - ling, I pro-mise you this: I'll send you all my love
I fill the emp - ti - ness. I'll send you all my dreams
know-ing the love_ we'll miss. Oh, let us make a pledge to meet

ev-'ry day in a let - ter, sealed with a kiss.
ev-'ry day in a let - ter, sealed with a kiss.
in Sep - tem - ber_____ and seal it with a

I'll see you in the sun-light, I'll hear your voice ev-'ry-

where. I'll run to ten-der - ly hold you but

dar-ling, you won't be there. 3. I don't wan-na say good - bye for the

es folgt 1. Strophe instrumental, dann 4. Strophe bis ⊕

3. kiss.

1. Mal h
2. Mal H

kiss. Seal it with a kiss.

T: Peter Udell | M: Gary Geld | Interpret: Brian Hyland, 1962; Jason Donovan, 1989

She's like the wind

♩ = 126

4|9

She's like the wind_ through my tree.

She rides the night_ next to me.

She leads me through moon - light

on - ly to burn_ me with the sun. She's

ta-ken my heart_ but she does-n't know what she's done.

Feel her breath on my face,_ her bo-dy

close to me._ Can't look in her eyes,_

she's out of my__ league._____

Just a fool to be - lieve I have an-y-thing she needs.

She's like the wind.___   I

look in the mir - ror   and all I see_____

is a young old man_   with on - ly a dream.

___   Am I just fool-ing my - self_

that she'll stop the pain.   Liv - ing with-out her

I'd go in - sane._   Feel her

She's like the wind.___   She's like the wind.___

She's like the wind.___   She's like the wind.

___   She's like the wind.___

T und M: Patrick Swayze/Stacy Widelitz | Interpret: Patrick Swayze, 1987

She's the one

♩ = 79

4|10

1. I was her,____ she was me,_____ we were one,
2. We were young,_ we were wrong.____ We were fine
3. Though the sea____ will be strong,____ I know we'll
4. I was her,____ she was me,_____ we were one,

____ we were free._____ And if there's some-bo - dy
____ all a - long;_____ If there's some-bo - dy
____ car - ry on,_____ 'cause if there's some-bo - dy
____ we were free._____ If there's some-bo - dy

(Takte 8–11 in 2. Strophe weglassen)

1.–4. call-ing me on,_____ she's the one.____

If there's some-bo - dy, call-ing me on,__

she's the one.____

When you get to where you wan-na go, and you

know the things you wan-na know,_ you're_ smil -

ing._____ When you said what you wan-na say, and you

know that way you wan - na play,____ yeah,

you'll be so high you'll be fly - ing.

- dy call-ing me on,____ she's the one.____

If there's some-bo - dy call-ing me on,____ she's the one.____

If there's some-bo - dy call-ing me on,____ she's the one.

She's the one.

T und M: Karl Wallinger | Interpret: Robbie Williams, 1999

⊚ Sk8er boi

♩ = 150

4|11

1. He was a boy. She was a girl. Can I make it an-
2. He want-ed her. She'd ne-ver tell. ↱ Se-cret-ly she
3. He's just a boy. I'm just a girl. Can I make it an-

- y more ob - vi-ous? ↱ He was a punk. She did bal-let.
- want-ed him as well. But all of her friends stuck up their nose
- y more ob - vi-ous? ↱ We are in love. Have-n't you heard

What more can I say?
2. and they had a prob-
3. ↱ ↱ how we rock

- lem with his bag-gy clothes. 2. He was a skat-er-boy. She
- each oth - er's world? 3. I'm with the skat-er-boy. I

said, „See you lat - er boy." He was-n't good e - nough for her.
said, „See you lat - er boy. I'll be back-stage af - ter the show.

- ↱ She had a pret - ty face but her head was up
- I'll be at our stu - di - o sing-ing the song

in space. She need-ed to come back down to Earth.
we wrote a - bout a girl

fine

weiter mit Takt 24

you used to know." you used to know."

1. ⁷ Five years from now ⁷ she sits at home
2. She turns on T - V. ⁷ Guess who she sees?
3. She calls up her friends, they al - read - y know
4. ⁷ She tags a - long and stands in the crowd

⁷ feed - ing the ba - by, she's all___ a - lone.
⁷ Skat - er boy rock - in' up M - T - V.
and they've all got tick - ets to see___ his show.

looks up at the man that she turned down.___ He was a skat-

er - boy. She said, „See you lat - er boy." He wasn't good_ e - nough for her.

__ Now he's a su - per star, slammin' on his gui - tar. Does your pretty face

__ see what he's worth? He was a skat - __ see what he's worth?

_____ Sor - ry girl___ but you_ missed_
Too bad that_ you could - n't see,

out. Well, tough luck, __ that boy's mine_ now. We are more
__ see the man__ that boy_ could_ be. There is more

__ than just_ good_ friends. ⁷ This is how_ the sto - ry ends.
__ than meets the__ eye. I see the soul_ that is___ in - side.

T: David Alspach/Lauren Christy/Graham Edwards/Avril Lavigne
M: Avril Lavigne/Lauren Christy/Scott Spock/Graham Edwards | Interpretin: Avril Lavigne, 2002

Some say love

♩ = 62–67

4 | 12

D A
1. Some say love, it is a riv - er that
Some say love, it is a ra - zor that
2. It's the heart a-fraid of break-ing that
it's the dream a-fraid of wak - ing that
3. When the night has been too lone - ly and the
and you think that love is on - ly for the
3
1. 2.
G A D D
drowns the ten - der reed.
leaves your soul to bleed. Some say
nev-er learns to dance,
nev-er takes the chance. It's the
road has been too long,
luck-y and the strong. Just re -
6
fis7/Cis h7 h7/A G
love, it is a hun-ger, an end - less ach-ing
one who won't be ta-ken, who can not seem to
mem - ber in the win-ter, for be - neath the bit-ter
9
A D A
need. I say, love, it is a flow - er, and
give, and the soul a-fraid of dy - ing that
snows lies the seed that with the sun's love in the
12
G A D
you it's on - ly seed.
nev-er learns to live.
spring be-comes the rose.

T und M: Amanda McBroom | Interpretin: Bette Midler, 1977

Somebody to love

♩ = 100

4|13

1. You got your ways en-ough of mine. It's tak-ing up all of— my time.
2. I know I'm miss-ing for— a word. I'm not try-ing to say— a thing.

We need for you to a-dore me. Come sit and drink from
I'm trying to live in this mo-ment. Count all the sins, what

— a cup. Don't leave un-til you're filled up. You're ti-red of all your tra-
— it says. Tell me how long it—— will take to un-ra-vel your bo-

A7

v'ling. I don't— need no-thing at all, no-thing but your kiss— and
dy. I don't— need no-thing at all, no-thing but your touch and

(A7)

no-thing but your arms, I don't need no-thing at all,
no-thing but your hand, I don't need no-thing at all,

d   C

1.u.2. but some-bo-dy— to love, some-bo-dy— to hold, some-

B   A   d

bo-dy— that I can feel in— my blood, some-bo-dy— to hold, some-

C   B   1.A

bo-dy— to own, some-bo-dy— to make me feel I'm in love.

2.A   dal 𝄋   3.A   d

feel I'm in love, some- feel I'm in love, some-bo-dy— to love.

T und M: Nelly Kim Furtado/Richard W. Nowels Jr. | Interpretin: Nelly Furtado, 2006

Somewhere only we know

♩ = 86

4|14

B

1. I walked a - cross an emp - ty land,
2. I came a - cross a fal - len tree,

c **F⁴** **F**

I knew the path - way like the back of my hand.
I felt the branch - es of it look - ing at me.

B **B/A**

I felt the earth be - neath my feet,
Is this the place we used to love?

c **F⁴** **F**

sat by the ri - ver and it made me com - plete.
Is this the place that I've been dream - ing of?

𝄋 g **d**

1.u.2. Oh sim - ple thing where have you gone?

Es **F⁷**

I'm get - ting old and I need some - thing to re - ly on.

g **d**

So tell me when you're gon - na let me in,

Es **F⁷**

I'm get - ting tired and I need some - where to be - gin.

124

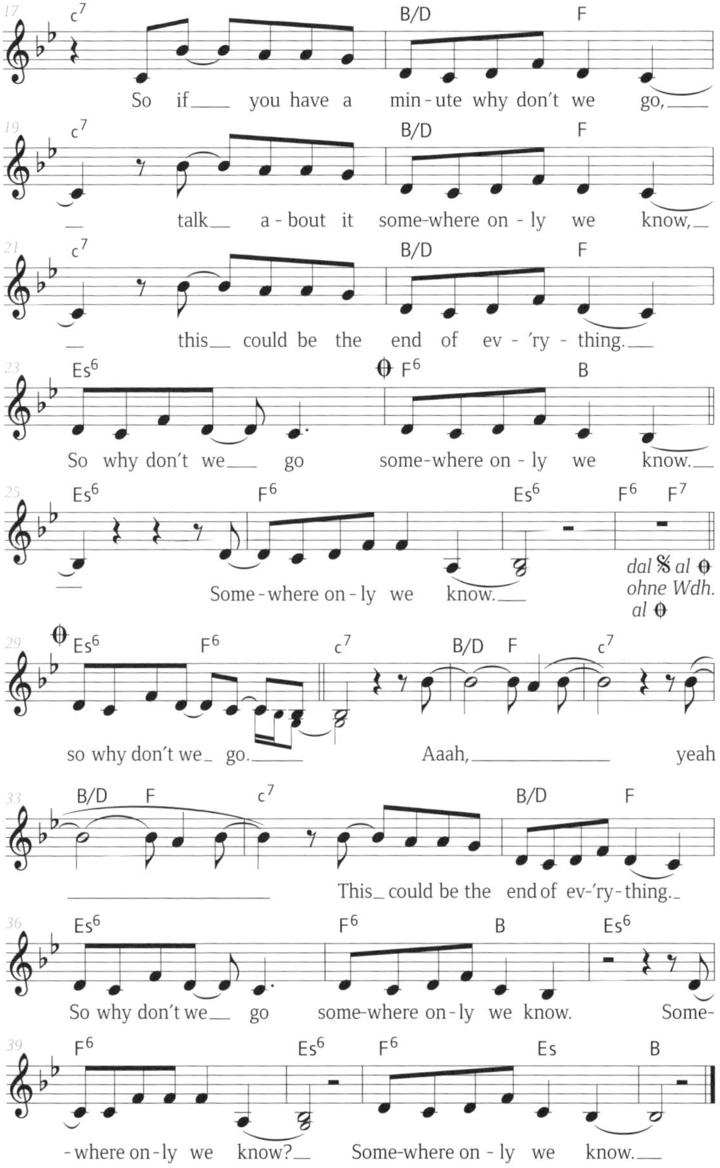
c7 B/D F
So if you have a min-ute why don't we go,
c7 B/D F
talk a-bout it some-where on-ly we know,
c7 B/D F
this could be the end of ev-'ry-thing.
Es6 F6 B
So why don't we go some-where on-ly we know.
Es6 F6 Es6 F6 F7
Some-where on-ly we know.
dal 𝄋 al 𝄌
ohne Wdh.
al 𝄌
Es6 F6 c7 B/D F c7
so why don't we go. Aaah, yeah
B/D F c7 B/D F
This could be the end of ev-'ry-thing.
Es6 F6 B Es6
So why don't we go some-where on-ly we know. Some-
F6 Es6 F6 Es B
-where on-ly we know? Some-where on-ly we know.

T und M: Tim Rice-Oxley/Tom Chaplin/Richard Hughes | Interpreten: Keane, 2004

Sorry

♩ = 133

S | 15

I've heard it all be - fore. I've heard it all be -
fore. I've heard it all be - fore. I've heard it all be -
fore. I've heard it all be - fore. I've heard it all be -
fore. I don't wan-na **1.u.2.** hear, I don't wan-na know.
Please don't say you're sor - ry. I've heard it all be -
fore and I___ can take care of my - self.
I don't wan-na hear, I don't wan-na know.
Please don't say „For - give___ me." I've seen it all be -
fore and I___ can't take it an - y - more.

1. You're not half the man you think you are.
2. Don't ex - plain your - self 'cause talk is cheap.

Save your words be - cause you've
There's more im - por - tant things than

gone too far. I've lis - tened to your lies
hear-ing you speak. Mis-take me 'cause I made

and all your sto - ries.
it so con - ven - ient.
(Lis-tened to your sto - ries.)
(Made it so con - ve - nient.)

You're not half the man you'd like to be.
Don't ex - plain your - self, you'll

2. I don't wan-na nev - er see.

Sor - ry, sor-ry, sor-

- ry, sor-ry, sor - ry, sor-ry, sor - ry, sor-ry, sor-

T und M: Madonna Louise Ciccione/Stuart Price | Interpretin: Madonna, 2005

Madonna, eigentlich Madonna Louise Ciccione (geb. 1958), ist eine US-amerikanische Sängerin, Texterin, Komponistin, Schauspielerin und Produzentin. Sie ist seit 1983 erfolgreich und hat mit ca. 400 Millionen mehr Tonträger verkauft als jede andere Popsängerin. Charakteristisch für Madonna ist, dass sie ihr Outfit und ihren Stil im Laufe der Jahre immer wieder ändert. Madonna hat die Popkultur wesentlich beeinflusst. 2007 wurde sie von einem US-amerikanischen Magazin auf Platz 3 der einflussreichsten Persönlichkeiten der Welt gewählt.

Stand by me

♩ = 120

1. When the night has come
2. If the sky that we look u-pon

and the land is dark
should tumble and fall

and the moon
or the mountain

is the
should

on - ly light we'll see,
crum - ble to the sea,

no I won't be a -
I won't cry, I won't

fraid, no I won't be a - fraid, just as
cry, no I won't shed a tear, just as

long as you stand, stand by me.   **1.u.2.** So
long as you stand, stand by me.

dar - ling, dar - ling, stand by me, oh,

stand by me, oh, stand,

stand by me, stand by me.

2× wdh., am Schluss bis fine

3. Oh, stand stand by me, stand by me. Oh,

fine

T und M: Ben E. King / Jerry Leiber / Mike Stoller | Interpret: Ben E. King, 1961, 1986

T: Andreas Frege | M: Andreas v. Holst | Interpreten: Die Toten Hosen, 2002

Sternenglanz

C (F⁷) ... a (B⁷)

1. Ster - nen - glanz,_____ E - le - ganz,_____
2. Strei - chel - kur_____ und Na - tur,_____
3. Sanf - ter Kuss,_____ Hoch - ge - nuss,_____

E (Cis⁷) ... H (E)

Har - mo - nie, Phan - ta - sie,
Ta - ten - drang, Glo - cken - klang,
Zärt - lich - keit, Meer - blick weit,

G⁷(e /D) ... E⁷(G⁷)

Zu - ver - sicht,_____ Son - nen - licht,_____
Kraft und Mut,_____ Lie - bes - glut,_____
Lei - den - schaft,_____ Schöp - fer - kraft,_____

d⁷(As) ... f⁶ ... C (C)

Sym - pa - thie, E - ner - gie. *(Bei 2. Strophe*
Yin und Yang und Ge - sang. *Akkord in*
frei - e Zeit, Acht - sam - keit. *Klammern)*

T und Musik: Bernd Riede

Strangers in the night

♩ = 90

4 | 18

D
Stran - gers in the night ex - chang - ing glanc - es,

Dʲ⁷
won - d'ring in the night, what were the chanc - es,

D⁶ ... D/A ... Gis°
we'd be shar - ing love, be - fore the night was

through._____ Some-thing in your eyes

was so in-vit-ing, some-thing in your smile

was so ex-cit-ing, some-thing in my heart

told me I must have you._____ Stran-gers in the night,

two lone-ly peo-ple, we were stran-gers in the night, up to the

mo-ment, when we said our first hel-lo. Lit-tle did we know,

love was just a glance a-way, a warm em-brac-ing dance a-way and

ev-er since that night we've been to-geth-er, lo-vers at first

sight, in love for-ev-er. It turned out so right

for stran-gers in the night.

*Im Original bei
der Wdh. T. 17–22
instrumental*

T: Charles Singleton/Eddie Snyder | M: Bert Kaempfert | Interpret: Frank Sinatra, 1966

Streets of London

♩ = 145

4|19

D · · · · · · · · · · **A** · · · · · · **h** · · · ·

1. Have you   seen   the   old man   in the closed___ down___
2. Have you   seen   the   old girl   who   walks   the streets of
3. In   the   all___ night   ca - fé   at___   quar - ter past e -
4. Have you   seen   the   old man   out - side   the sea - man's

fis · · · **G** · · · · **D** · · ·

mar - ket,   kick - ing   up   the   pa - pers___   ⁊   with his
Lon - don,   ⁊   dirt   in   her   hair_____   ⁊   and her
le - ven   ⁊   same   old   ⁊   man_____   ⁊   sit - ting
mis - sion,   mem - 'ry   fa - ding   with___   the me - dal

e · · · **A** · · **D** · · ·

worn   -   out_____   shoes?___   In   his   eyes   you
clothes___   in_____   rags?___   She's no   time   for
there___   on   his   own.___   Look - ing   at   the
rib - bons   that   he   wears?___   In   our   win - ter

A · · · **h** · · · **fis** · · ·

see no pride,___   ⁊   hand held___ loose - ly   at his   side,___
tal - king,   ⁊   ⁊   she   just keeps right on   wal   -   king,
world   ⁊   o - ver the   rim   ⁊   ⁊   of his   tea   -   cup.___
ci - ty   ⁊   ⁊ the rain   cries___   a lit - tle   pi   -   ty___   for

G · · · **D** · · · **A⁷** · · · **D** · · ·

⁊   yes - ter - day's   pa - per   tell - ing   yes - ter - day's   news.
⁊   car - ry - ing her   home ⁊   in___   two car - ri - er   bags.
Each tea___ lasts an   hour ⁊   and he   wan - ders home a -   gain.
one more for - got - ten   he - ro   and a   world that does not   care.

G · · · **fis** · · · **D**   **D/Cis** · · · **h**   **h/A** · · ·

· 1. – 4. So how___   can you tell___   me   you're lone   -   ly___

E/Gis · · · **E** · · · **A** · · · **A⁷** · · ·

and you say   for you___   that the sun don't   shine?

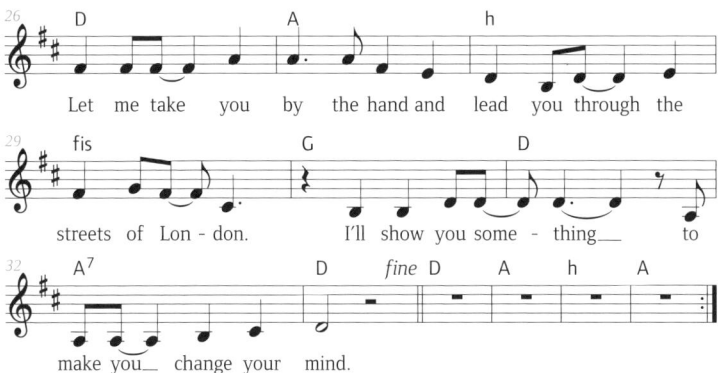

Let me take you by the hand and lead you through the streets of Lon - don. I'll show you some - thing to make you change your mind.

T und M: Ralph McTell | Nachdichtung: Christian Hellburg | Interpret: Ralph McTell, 1974

1. Siehst du dort den alten Mann, mit ausgetret'nen Schuh'n
   schlurft er übers Pflaster, und er sieht so müde aus.
   Hin und wieder hält er an, nicht nur um sich auszuruh'n,
   denn er hat kein Ziel und auch kein Zuhaus.

2. Kennst du die alte Frau, die auf dem Marktplatz steht
   mit schneeweißem Haar, welke Blumen in der Hand?
   Die Leute geh'n vorbei, sie merkt nicht, wie die Zeit vergeht;
   so steht sie jeden Tag und niemand stört sich dran.

3. Im Bahnhofsrestaurant sitzt um ein Uhr in der Frühe
   derselbe alte Mann, und er sitzt ganz allein.
   Er ist der letzte Gast und das Aufsteh'n macht ihm Mühe.
   Fünf leere Stunden, fünf leere Gläser Wein.

4. Siehst du dort den alten Mann, mit ausgetret'nen Schuh'n
   schlurft er übers Pflaster, und er sieht so müde aus.
   Denn in einer Welt, in der nur noch Jugend zählt,
   ist für ihn klein Platz mehr und auch kein Zuhaus.

1.–4. Doch du redest nur von Einsamkeit und dass die Sonne für dich nicht scheint.
Komm und gib mir deine Hand, ich führe dich durch uns're Straßen.
Ich zeig' dir Menschen, die wirklich einsam sind.

Sunrise, sunset

♩ = 113

4|20

1. Is this the lit-tle girl I car - ried? Is this the
When did she get to be a beau - ty? When did he
2. What words of wis-dom can I give them? How can I
They look so nat-u-ral to - geth - er, just like two

lit - tle boy at play? I don't re - mem-ber grow-ing
grow to be so tall? Was - n't it yes - ter-day when
help to ease their way? Now they must learn from one an -
new-ly weds should be. Is there a can - o - py in

old - er, when did they?
they were small?___
oth - er, day by day.
store for me?_____

1.u.2. Sun-rise,___ sun-set, sun-rise,___ sun-set, **1.** swift-ly____ flow the
2. swift-ly____ fly the

days._____ Seed-lings turn o-ver-night to sun - flow'rs.
years._____

Blos-som-ing e-ven as we gaze.____ One sea-son fol-low-ing an-

oth - er, lad - en with hap-pi-ness and tears.____

es folgen 2. Strophe,
Refrain mit 2. Klammer
bis fine

T: Sheldon Harnick | M: Jerry Bock, 1964 ↗ S. 191

Tatkraft (Klassenhymne)

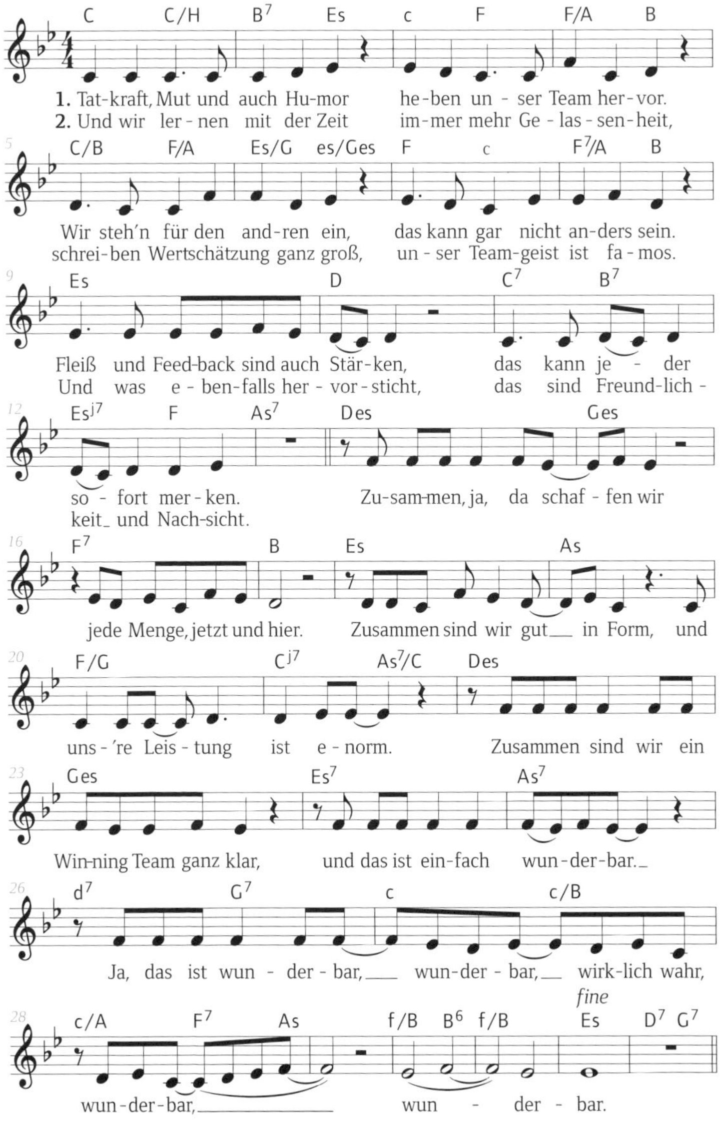
C C/H B7 Es c F F/A B
1. Tat-kraft, Mut und auch Hu-mor he-ben un - ser Team her-vor.
2. Und wir ler - nen mit der Zeit im-mer mehr Ge - las - sen-heit,
C/B F/A Es/G es/Ges F c F7/A B
Wir steh'n für den and-ren ein, das kann gar nicht an-ders sein.
schrei-ben Wertschätzung ganz groß, un - ser Team-geist ist fa - mos.
Es D C7 B7
Fleiß und Feed-back sind auch Stär-ken, das kann je - der
Und was e - ben-falls her - vor-sticht, das sind Freund-lich -
Esj7 F As7 Des Ges
so - fort mer - ken. Zu-sam-men, ja, da schaf - fen wir
keit_ und Nach-sicht.
F7 B Es As
jede Menge, jetzt und hier. Zusammen sind wir gut__ in Form, und
F/G Cj7 As7/C Des
uns - 're Leis - tung ist e - norm. Zusammen sind wir ein
Ges Es7 As7
Win-ning Team ganz klar, und das ist ein-fach wun-der-bar._
d7 G7 c c/B
Ja, das ist wun - der - bar,__ wun-der - bar,__ wirk-lich wahr,
fine
c/A F7 As f/B B6 f/B Es D7 G7
wun-der-bar,________ wun - der - bar.

T und M: Bernd Riede

Tea for two

4|21

1. *Er:* I'm dis-con-tent-ed   with homes   that are rent-ed,   so
2. *Sie:* You   are re-veal-ing   a   plan   so ap-peal-ing,   I

I   have in-vent-ed   my own.   Dar-ling, this place   is   a
can't help but feel-ing   for you.   *Er:* Dar-ling, I planned it.   Can't

lo-ver's o-as-is,   where life's wear-y   chase is   un-known.
you un-der-stand? It   is   yours to com-mand it,   so   do.

Far   from the   cry   of the   ci - ty,____ where flow-ers
All   of your schemes I'm ad - mir - ing,____they're worth de -

pret - ty____ ca-ress the streams.   Co - sy to hide in,   to
sir - ing,____ but can't you see?   I'd   like to wait, dear,   for

live side by side in,   don't let   it a-bide in   my dreams.
some fu-ture date, dear,   it won't be too late, dear,   for   me.

Pic - ture you   up - on   my knee,   just tea   for two   and
Day   will break   and you'll   a - wake   and start   to bake   a

two   for tea; just   me   for you   and you   for me   a - lone.____
su - gar cake   for me   to take   for all   the boys   to

138

24 D D⁶/A gis⁷ Cis⁷ gis⁷ Cis⁷

No - bo - dy near us to see us or hear us, no

27 Fis^j7 Fis⁶/Cis Fis^j7 Fis⁶/Cis

friends or re - la - tions on week - end va - ca - tions. We

29 gis⁷ Cis⁷ gis⁷ Cis⁷

won't have it known, dear, that we own a te - le -

31 Fis e⁷ A⁷ ‖ 2. Fis^ø H⁷

phone, dear. see. _____

35 e/G fis⁷ H⁺⁷ H⁷ A°/E e

We will raise a fam - i - ly, a boy for you, a

38 g D/A Cis/A e⁷/A A⁷

girl for me. Oh, can't you see how hap - py we would

da capo al 𝄌
41 D h⁷ e⁷ A⁷ **43** 𝄌 D G⁷ D

be. be. _____

T: Irving Caesar | M: Vincent Youmans, 1924

Tears in heaven

♩ = 84

4 | 22

1.u.4. Would you know my name _____
2. Would you hold my hand _____

if I saw you in heav - en?
if I saw you in heav - en?

Would it be the same _____
Would you help me stand _____

if I saw you in heav - en?
if I saw you in heav - en?

I must be strong _____ and car - ry on,
I'll find my way _____ through night and day,

'cause I know _____ I don't be - long _____
'cause I know _____ I just can't stay _____

here in heav - en.
here in heav - en.

Time can bring you down, _____ time can bend your knees.

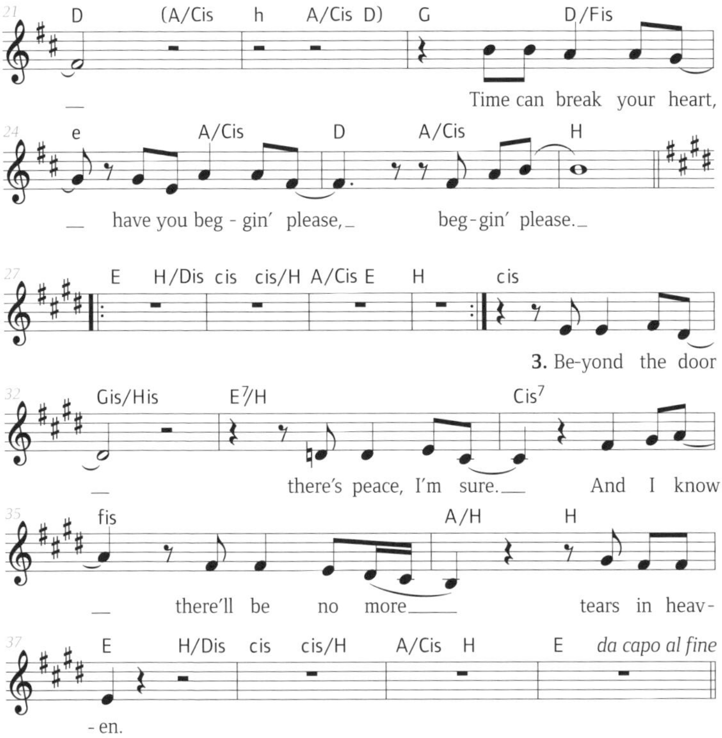
D (A/Cis h A/Cis D) G D/Fis
Time can break your heart,
e A/Cis D A/Cis H
have you beg - gin' please, beg-gin' please.
E H/Dis cis cis/H A/Cis E H cis
3. Be-yond the door
Gis/His E7/H Cis7
there's peace, I'm sure. And I know
fis A/H H
there'll be no more tears in heav-
E H/Dis cis cis/H A/Cis H E da capo al fine
- en.

T und M: Eric Clapton/Will Jennings | Interpret: Eric Clapton, 1991

Eric Clapton (geb. 1945), gehört zu den einflussreichsten Rock- und Blues-Gitarristen. Er war u.a. Mitbegründer der britischen Blues-Rock-Gruppe „Cream". „Tears in heaven" entstand unter dem Eindruck eines tragischen Unfalls, bei dem Claptons vierjähriger Sohn tödlich verunglückte.

The lion sleeps tonight

♩ = 122

5|1

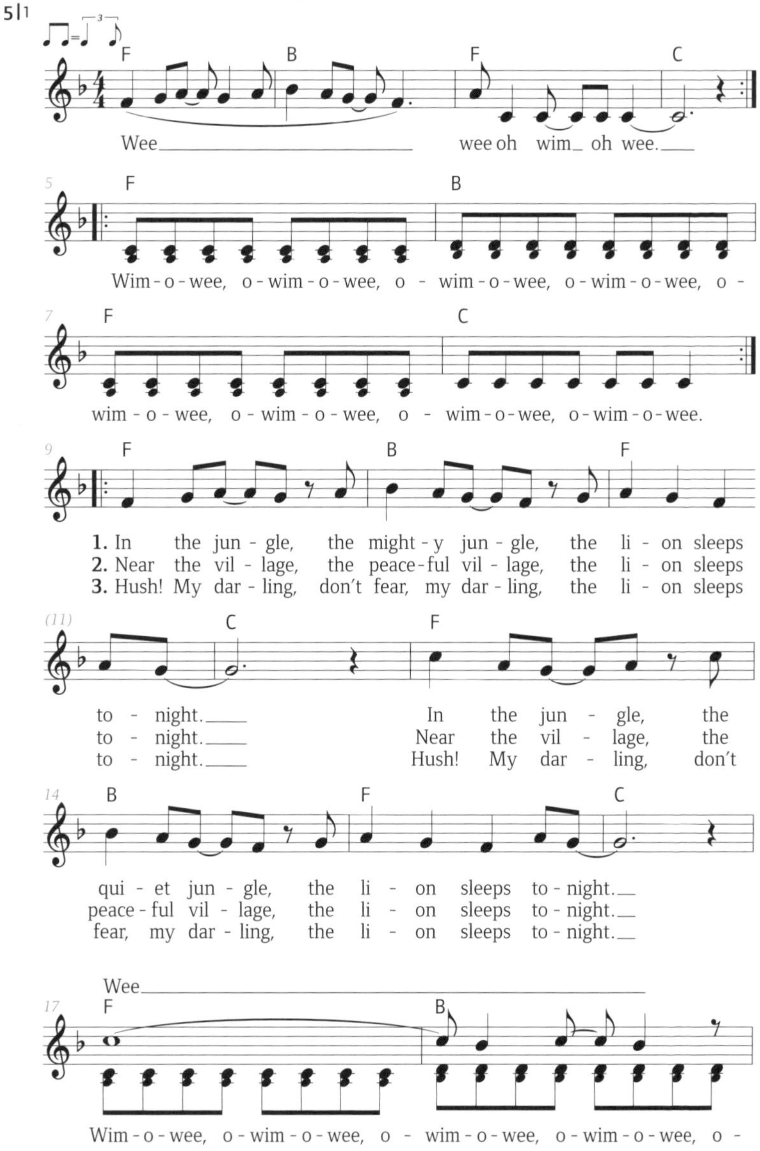
F B F C
Wee wee oh wim_ oh wee.
F B
Wim-o-wee, o-wim-o-wee, o - wim-o-wee, o-wim-o-wee, o -
F C
wim - o - wee, o - wim - o - wee, o - wim-o-wee, o-wim-o-wee.
F B F
1. In the jun - gle, the might - y jun - gle, the li - on sleeps
2. Near the vil - lage, the peace-ful vil - lage, the li - on sleeps
3. Hush! My dar - ling, don't fear, my dar - ling, the li - on sleeps
C F
to - night. In the jun - gle, the
to - night. Near the vil - lage, the
to - night. Hush! My dar - ling, don't
B F C
qui - et jun - gle, the li - on sleeps to - night.
peace - ful vil - lage, the li - on sleeps to - night.
fear, my dar - ling, the li - on sleeps to - night.
Wee
F B
Wim-o-wee, o-wim-o-wee, o - wim-o-wee, o-wim-o-wee, o -

oh - wim oh wee,

19 F   C

wim - o - wee,   o - wim - o - wee,   o - wim - o - wee,   o - wim - o - wee,

wee,

21 F   B♭

wim - o - wee,   o - wim - o - wee,   o - wim - o - wee,   o - wim - o - wee,   o -

oh   wim - oh wee,   1.

23 F   C

wim - o - wee,   o - wim - o - wee,   o - wim - o - wee,   o - wim - o - wee

25 2.C   F   B   F   C

wim - o - wee,   o - wim - o - wee.

30 F   B   F   C   3.C

wim - o - wee,   o - wim - o - wee.

35 F   B   F

Wee   wee oh   wim oh wee.

38 1. C   2.B   F

O - wim - o - wee.

T und M: G. Weiss/H. Peretti/L. Creatore | Interpreten: The Tokens, 1961

Der Song wurde 1939 komponiert und durch die US-amerikanische Band **„The Tokens"** 1961 berühmt. Zahlreiche weitere Künstler haben das Lied interpretiert. Auch in Filmen erklingt es, z. B. in „Der König der Löwen" (1994).

144

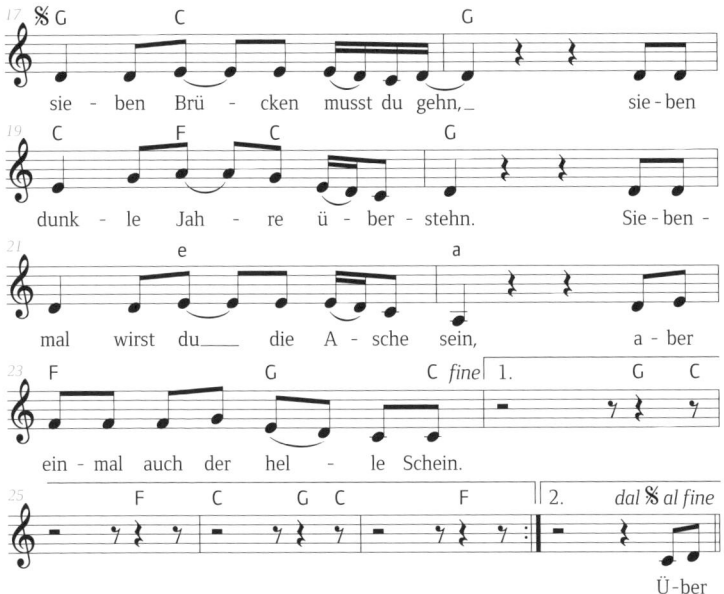

sie - ben Brü - cken musst du gehn, __ sie - ben
dunk - le Jah - re ü - ber - stehn. Sie - ben -
mal wirst du __ die A - sche sein, a - ber
ein - mal auch der hel - le Schein.
Ü - ber

T: Helmut Richter | M: Ulrich Swillms | Interpreten: Karat, 1978

Die Gruppe **„Karat"** gehörte zu den bekanntesten DDR-Bands. Einer ihrer größter
Erfolge ist „Über sieben Brücken musst du gehn". Das Lied wurde auch in der Bundesrepublik durch Peter Maffay populär.

Une belle histoire

♩ = 83

513

d | g⁷ | C | F j⁷

1. C'est un beau ro - man,_ c'est u - ne belle his - toire.
2. Ils se sont ca - chés_ dans un_ grand champ de blé
3. C'est un beau ro - man_ c'est u - ne belle his - toire.
4. Il ren - tra chez lui,_ là - haut_ vers le brouil - lard.

B j⁷ | *in 4. Str.* ⊕ A⁷

C'est u - ne ro - man - ce d'au - jourd - hui._
se lais-sant por - ter_ par le cou - rant._
C'est u - ne ro - man - ce d'au - jourd' - hui._
Elle est de - scen - due_ là

d | g⁷ | C | F j⁷

Il ren-trait chez lui_ là - haut_ vers le brouil - lard,
Se sont ra - con - té_ leurs vies_ qui com-men-çaient.
Il ren-trait chez lui_ là - haut_ vers le brouil - lard.

B j⁷ | A⁷

El - le des-cen-dait_ dans le Mi - di,_ le Mi - di.
Ils n'é-taient en - core_ que des en - fants,_ des en-fants,
El - le des-cen-dait_ dans le Mi - di,_ le Mi - di.

d | g⁷ | C | F j⁷

Ils se sont trou-vés_ au bord_ du che - min
qui s'é-taient trou-vés_ au bord_ du che - min
Ils se sont quit-tés_ au bord_ du ma - tin

B j⁷

sur l'au-to-rou-te des_ va - can - ces. C'é-tait sans doute un jour
sur l'au-to-rou-te des_ va - can - ces. C'é-tait sans doute un jour
sur l'au-to-rou-te des_ va - can - ces. C'é-tait fi - ni le jour

146

(12)

d   g⁷

_ de chan - ce. Ils a - vaient le ciel___ à
_ de chan - ce. Qui cueil-lirent le ciel___ au
_ de chan - ce. Ils re - prirent a - lors___ cha -

14   C   Fʲ⁷   Bʲ⁷

por - tĕe de_ main.   Un cadeau de la pro - vi - den - ce,
creux_ de leur_ main. Comme on cueille la pro - vi - den - ce,
cun___ leur che - main. Sa - lu - è-rent la pro - vi - den - ce

16   a   g⁷   A⁷

a-lors pourquoi pen-ser_ au len - de - main.___
re-fu-sant de pen-ser_ au len - de - main.___
en se fai-sant un sig - ne de_ la main.___

19 A⁷   d   g⁷   C

bas dans le_ Mi - di. C'est un beau ro-man,_ c'est u - ne belle his-

(21) Fʲ⁷   Bʲ⁷   A⁷   D

toire.   C'est u-ne ro - man - ce d'au-jourd'-hui.___

T: Pierre Delano | M: Michel Fugain | Interpret: Michel Fugain, 2005

147

Unfaithful

♩ = 73

h   G/H

1. Sto - ry   of   my   life   search-ing   for   the   right
He's more than a   man   and this   is   more than love,   the
(2.) feel   it   in   the   air,   as   I'm   do - ing   my   hair   pre -

2   h   e/H   G

but   it   keeps a - void-ing   me.__   Sor - row   in   my   soul
rea-son that the sky   is   blue.   But clouds are rol-ling   in   be -
par-ing for an-oth - er   date.   A   kiss   up - on   my cheek,   he's

(3)   1.   Fis

cause it seems that wrong   real-ly loves my com - pa - ny.__
cause I'm gone   a - gain   and
here re - luc - tant - ly   asks

5   2.   Fis   *weiter in Takt 11* ‖ 3.

to him I just can't be true.   And I know that   if I'm gon-na be   out late.

(6)   Fis   h   e

__   I   say   I won't be long,   just hang-ing with the girls,   a

8   h   e/H   G

lie   I   did-n't have to tell_____   be-cause_ we both know   where

(9)   Fis

I'm   a-bout to go.   And we know it   ve - ry   well._____

(10)   G   A

And   I   know that **1.u.2.** he   knows I'm un - faith - ful__ and it

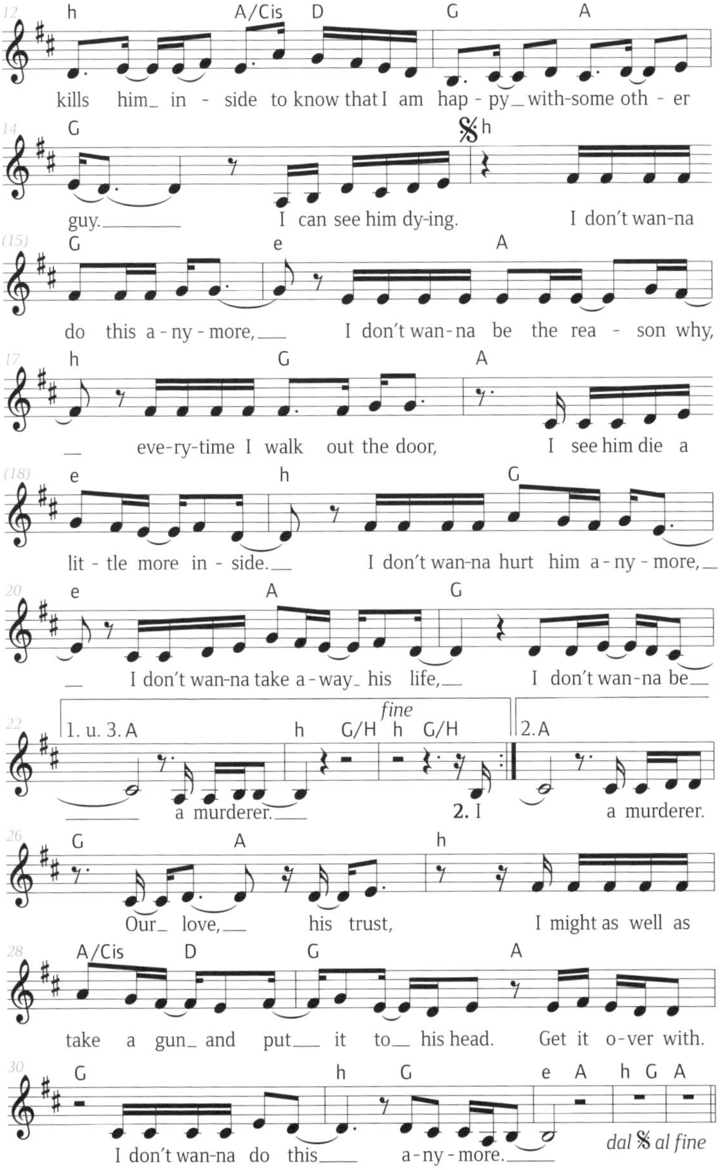
h A/Cis D G A
kills him_ in - side to know that I am hap - py_ with-some oth - er
G h
guy.___ I can see him dy-ing. I don't wan-na
G e A
do this a - ny - more,__ I don't wan-na be the rea - son why,
h G A
__ eve-ry-time I walk out the door, I see him die a
e h G
lit - tle more in - side.__ I don't wan-na hurt him a - ny - more,__
e A G
__ I don't wan-na take a - way_ his life,__ I don't wan-na be__
fine
1. u. 3. A h G/H h G/H 2. A
_____ a murderer.___ 2. I a murderer.
G A h
Our_ love,__ his trust, I might as well as
A/Cis D G A
take a gun_ and put___ it to__ his head. Get it o-ver with.
G h G e A h G A
I don't wan-na do this___ a - ny - more.____
dal 𝄋 al fine

T und M: Mikkel Storleer Eriksen/Tor Erik Hermansen/Shaffer Smith | Interpretin: Rihanna, 2006

Venus

5|5

♩ = 130

e A e A e A e
1.u.3. A god-dess on a moun-tain top burn-ing like a
A e A e A
sil - ver flame. A sum-mit of beau - ty and love,
e A e A 𝄋 e a
and Ve-nus was her name. 1.–3. She's got it!
D a D e A e A
Yeah, ba - by, she's got it! (Well,)
C H7 4 e fine A
I'm your Ve-nus, I'm your fi-re at your__ de-sire.
e A e A
2. Her weap-ons were her crys - tal eyes
e A e A e A
mak-ing ev - 'ry man__ mad.
e A e A e A
Black as a dark night she__was, got what no__one else had.

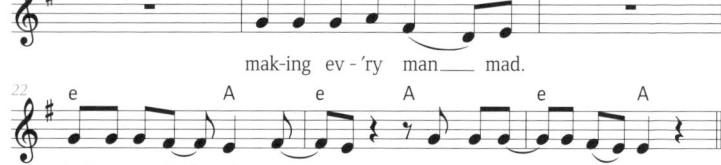

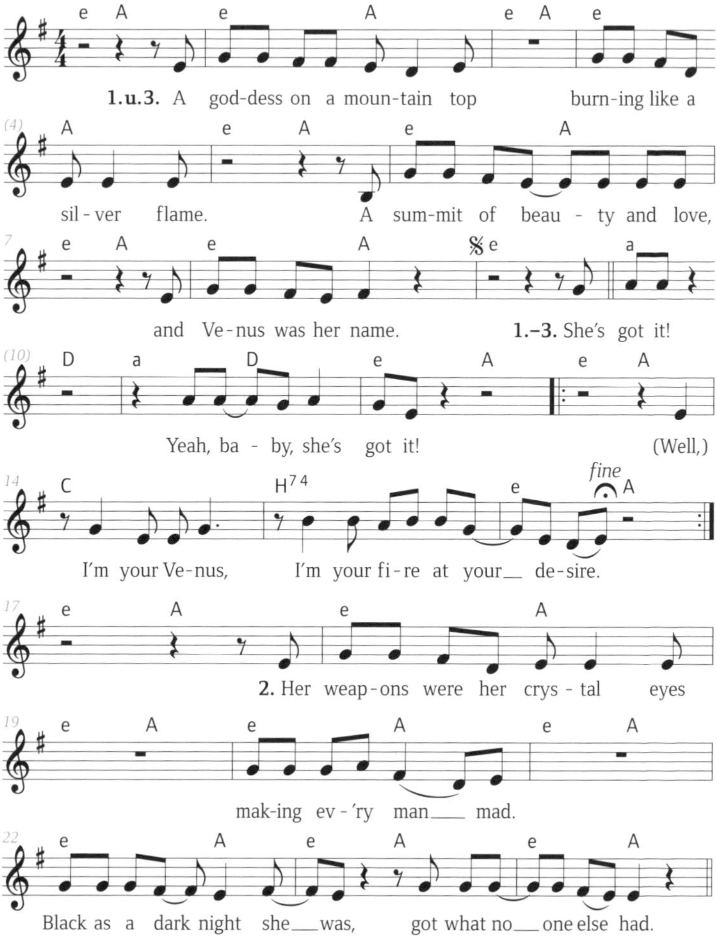

Es folgen: Refrain ab 𝄋 mit Wdh.,
Zwischenspiel mit Harmonieschema von T. 1–9;
Refrain ab 𝄋 mit Wdh.;
3. Strophe;
Refrain mit zweimaliger Wdh. bis fine

T und M: Rob van Leeuwen | Interpreten: Shocking Blue, 1969; Bananarama, 1986

Volare

𝅗𝅥 = 69
♩ = 126

5|6

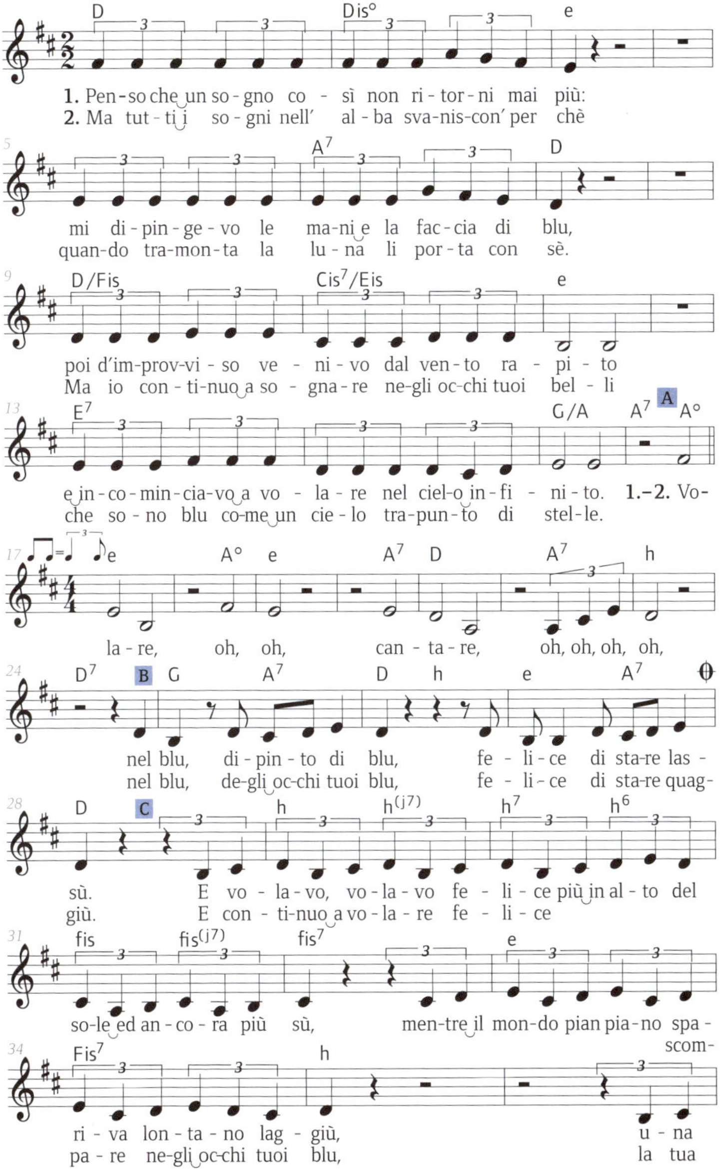
D Dis° e
1. Pen-so che un so-gno co - sì non ri-tor-ni mai più:
2. Ma tut-ti i so-gni nell' al-ba sva-nis-con' per chè
A7 D
mi di-pin-ge-vo le ma-ni e la fac-cia di blu,
quan-do tra-mon-ta la lu-na li por-ta con sè.
D/Fis Cis7/Eis e
poi d'im-prov-vi-so ve - ni-vo dal ven-to ra - pi - to
Ma io con-ti-nuo a so - gna-re ne-gli oc-chi tuoi bel - li
E7 G/A A7 A A°
e in-co-min-cia-vo a vo - la-re nel ciel-o in-fi - ni-to. 1.–2. Vo-
che so-no blu co-me un cie-lo tra-pun-to di stel-le.
e A° e A7 D A7 h
la-re, oh, oh, can - ta-re, oh, oh, oh, oh,
D7 B G A7 D h e A7
nel blu, di-pin-to di blu, fe - li-ce di sta-re las -
nel blu, de-gli oc-chi tuoi blu, fe - li-ce di sta-re quag-
D C h h(j7) h7 h6
sù. E vo - la-vo, vo-la-vo fe - li-ce più in al-to del
giù. E con - ti-nuo a vo-la-re fe - li-ce
fis fis(j7) fis7 e
so-le ed an-co-ra più sù, men-tre il mon-do pian pia-no spa -
Fis7 h
scom-
ri - va lon-ta-no lag - giù, u - na
pa-re ne-gli oc-chi tuoi blu, la tua

mu - si - ca dol - ce suo - na - va sol - tan - to per me. Vo -
vo-ce è u-na mu-si-ca dol-ce che suo-na per me.

es folgen:
A B (1. Text); 2. Strophe;
A B C (2. Text);
A B B (2. Text) 𝄌

giù con tè.

T: Domenico Modugno/M. Migliacci | M: Domenico Modugno, 1958 ↗ S. 191

◉ Vom selben Stern

♩ = 141

5|7

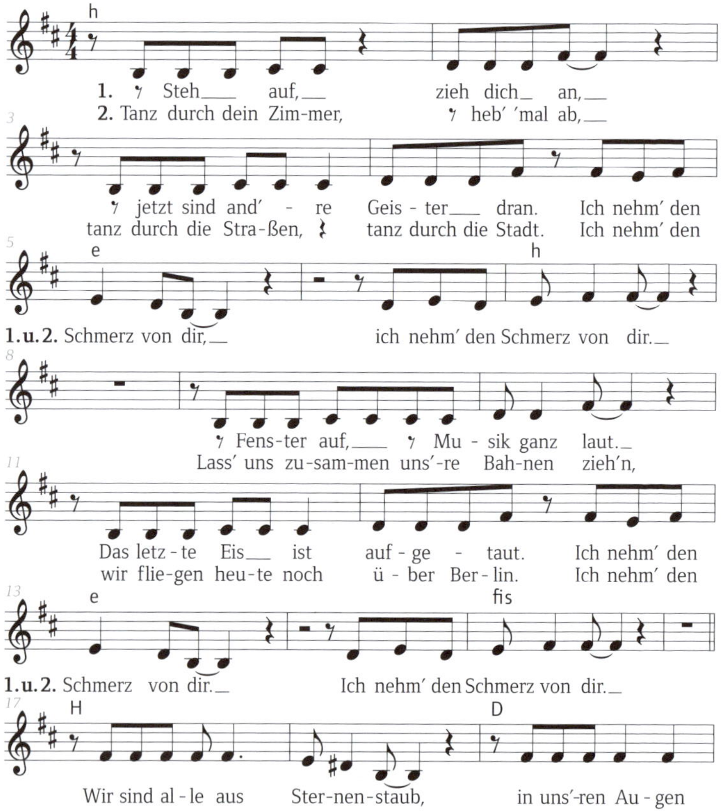

1. Steh auf, zieh dich an,
2. Tanz durch dein Zim-mer, heb' 'mal ab,

jetzt sind and' - re Geis-ter dran. Ich nehm' den
tanz durch die Stra-ßen, tanz durch die Stadt. Ich nehm' den

1.u.2. Schmerz von dir, ich nehm' den Schmerz von dir.

Fens-ter auf, Mu - sik ganz laut.
Lass' uns zu-sam-men uns're Bah-nen zieh'n,

Das letz - te Eis ist auf-ge - taut. Ich nehm' den
wir flie-gen heu-te noch ü - ber Ber - lin. Ich nehm' den

1.u.2. Schmerz von dir. Ich nehm' den Schmerz von dir.

Wir sind al - le aus Ster-nen-staub, in uns'-ren Au - gen

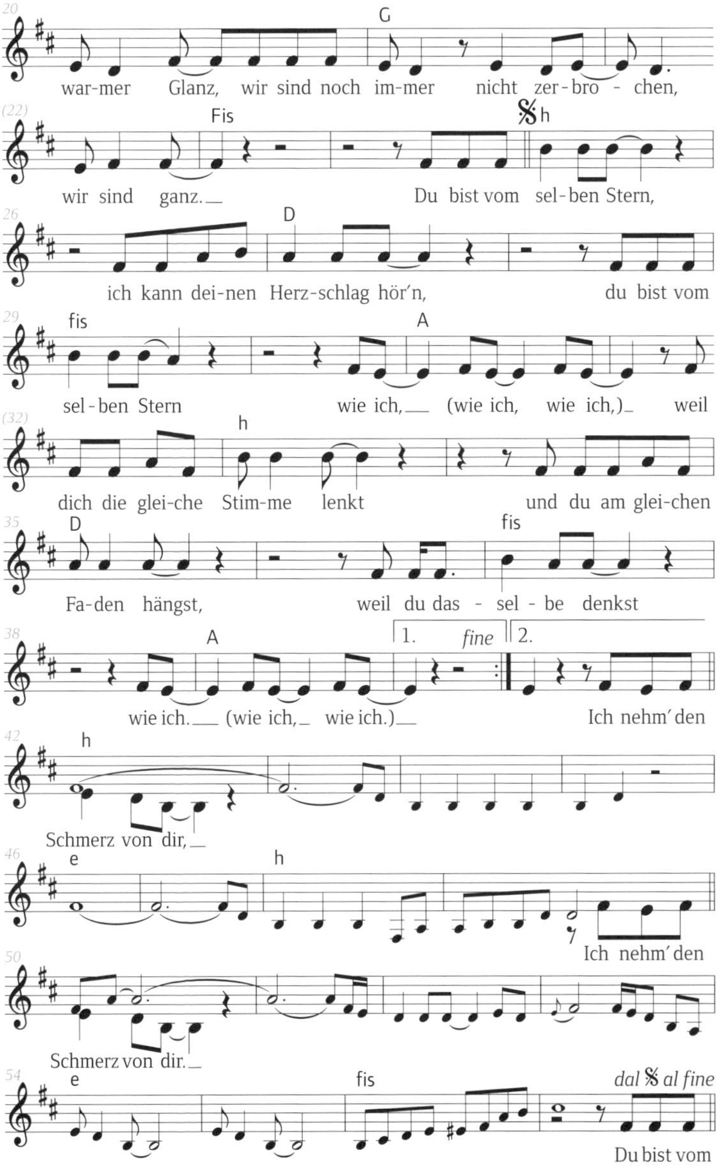
G
war-mer Glanz, wir sind noch im-mer nicht zer-bro - chen,
Fis
𝄋 h
wir sind ganz. Du bist vom sel-ben Stern,
D
ich kann dei-nen Herz-schlag hör'n, du bist vom
fis
A
sel-ben Stern wie ich, (wie ich, wie ich,) weil
h
dich die glei-che Stim-me lenkt und du am glei-chen
D
fis
Fa-den hängst, weil du das - sel - be denkst
A
1. fine
2.
wie ich. (wie ich, wie ich.) Ich nehm' den
h
Schmerz von dir,
e
h
Ich nehm' den
Schmerz von dir.
e
fis
dal 𝄋 al fine
Du bist vom

T: Annette Humpe | M: Adel El Tawil/Flo Fischer/Annette Humpe/Sebastian Kirchner | Interpreten: Ich + Ich, 2007

W

Wake me up when September ends

♩ = 106

5|8

C   **C/H**   **C/A**

1.–3. Sum - mer_ has come and passed. The in - no - cent_ can ne-

C/G   **F**   **f**   **C**

- ver last._ Wake me up_ when Sep-tem-ber ends.

C   **C/H**   **C/A**   **C/G**

nach 3. Strophe

1. Like my fa - ther's come to pass se-ven years has gone_ so fast._
2. Ring out____ the bells a-gain like we did_ when spring be - gan._
3. Like my fa - ther's come to pass twen-ty years has gone_ so fast._

F   **f**   **C**   **G/H**

Wake me up_ when Sep-tem - ber ends._

a   **e**   **F**   **C**   **G/H**

1.u.2. Here comes_the rain a-gain fall-ing from the stars.

a   **e**   **F**   **G**

Drenched in__ my pain a - gain be - com - ing who we are._

C   **C/H**   **C/A**   **C/G**

As my_mem-o - ry_ rests but ne-ver for-gets what_ I lost._

F   **f**   **C**   **a**   **e**   **F**   **C** **G/H**

Wake me up_ when Sep-tem - ber ends.__

a **e** **F** **G**   **F**   **f**   **C**

es folgen die Takte 41–44, dann 29–31

Wake me up_ when Septem - ber ends._

T: Billie Joe Armstrong | M: Billie Joe Armstrong/Mike Pritchard/Frank E. Wright | Interpreten: Green Day, 2005

Wandersmann

♩ = 113

5|9

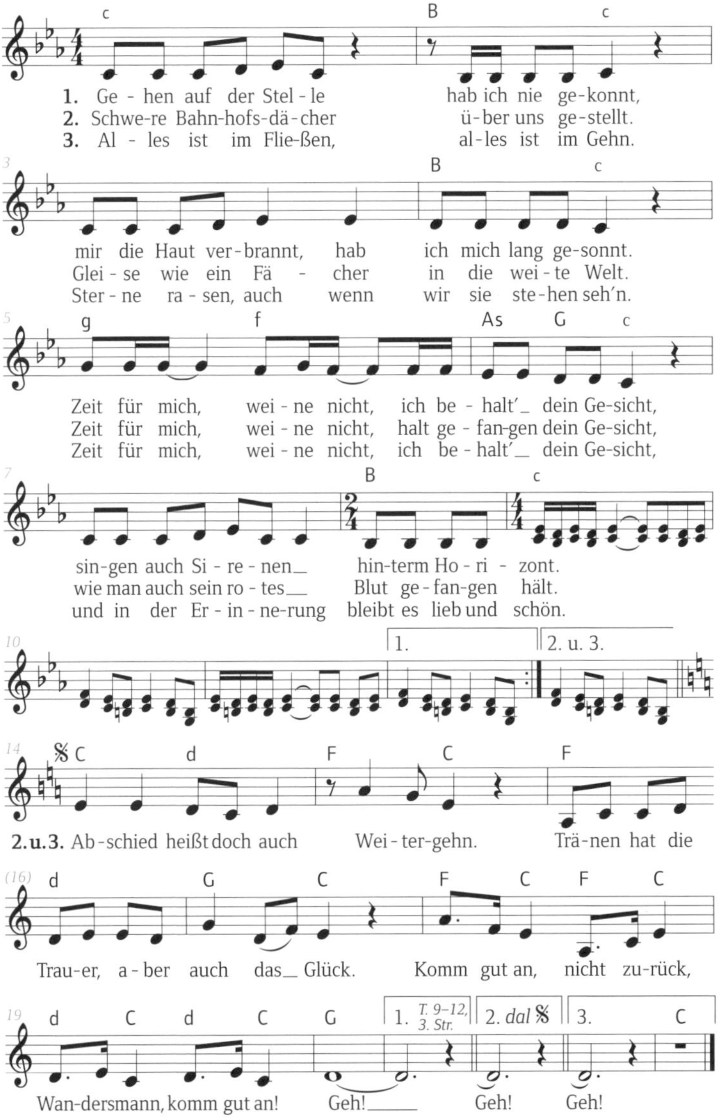

c B c
1. Ge - hen auf der Stel - le hab ich nie ge-konnt,
2. Schwe-re Bahn-hofs-dä-cher ü-ber uns ge-stellt.
3. Al - les ist im Flie-ßen, al-les ist im Gehn.
B c
mir die Haut ver-brannt, hab ich mich lang ge-sonnt.
Glei - se wie ein Fä - cher in die wei - te Welt.
Ster - ne ra - sen, auch wenn wir sie ste-hen seh'n.
g f As G c
Zeit für mich, wei - ne nicht, ich be - halt'_ dein Ge-sicht,
Zeit für mich, wei - ne nicht, halt ge - fan-gen dein Ge-sicht,
Zeit für mich, wei - ne nicht, ich be - halt'_ dein Ge-sicht,
B c
sin-gen auch Si - re - nen_ hin-term Ho - ri - zont.
wie man auch sein ro - tes_ Blut ge - fan-gen hält.
und in der Er - in - ne-rung bleibt es lieb und schön.
1. 2. u. 3.
C d F C F
2.u.3. Ab-schied heißt doch auch Wei - ter-gehn. Trä-nen hat die
d G C F C F C
Trau-er, a - ber auch das_ Glück. Komm gut an, nicht zu-rück,
d C d C G 1. T. 9–12, 3. Str. 2. dal 𝄋 3. C
Wan-dersmann, komm gut an! Geh!_ Geh! Geh!

T: Kurt Demmler | M: Peter Gläser | Interpreten: Renft, 1973

Warum bin ich so fröhlich?

♩ = 128

1. Wa - rum bin ich so fröh - lich, so fröh - lich, so fröh - lich? Bin
2. Ich bin auch schon mal trau - rig, so ab - grund - tief trau - rig. Dann
3. Bin ich des - halb so fröh - lich, so fröh - lich, so fröh - lich, fast
4. Heut' bin ich ganz ge - las - sen, er - staun - lich ge - las - sen! Ich

aus - ge - spro - chen fröh - lich, so___ fröh - lich war ich nie! Ich
bin ich schau - rig trau - rig, dann tut mir al - les weh. Bin
ü - ber - trie - ben fröh - lich? So___ fröh - lich war ich nie! Heut'
kann es gar nicht fas - sen, ich___ kann es nicht ver - steh'n! Bald

war schon öf - ter fröh - lich, ganz fröh - lich, ganz fröh - lich, doch
manch - mal leicht neu - ro - tisch, psy - cho - tisch, cha - o - tisch, la -
bin ich nicht ver - schlos - sen, kein biss - chen ver - schlos - sen! Ich
bin ich nicht mehr fröh - lich, so fröh - lich, so fröh - lich! Bald

so ver - blüf - fend fröh - lich war_ ich bis heut' noch nie.
bil und ne - o - go - tisch, doch heut' bin ich o - kay.
bin auch nicht ver - dros - sen, das_ ist mir an - zu - seh'n!
bin ich nicht mehr fröh - lich, dann bin ich tot, nor - mal!

T und M: Herman van Veen | Interpret: Alfred J. Kwak, 1989

Herman van Veen (geb. 1945) ist ein holländischer Sänger, Geiger, Schriftsteller und Komponist. Er ist der Schöpfer der Zeichentrickente Alfred Jodocus Kwak. Die entsprechende Fernsehserie entstand 1989 bis 1991. Das bekannteste Lied daraus ist „Warum bin ich so fröhlich?".

Wasserlied (Das ist mein größter Badespaß)

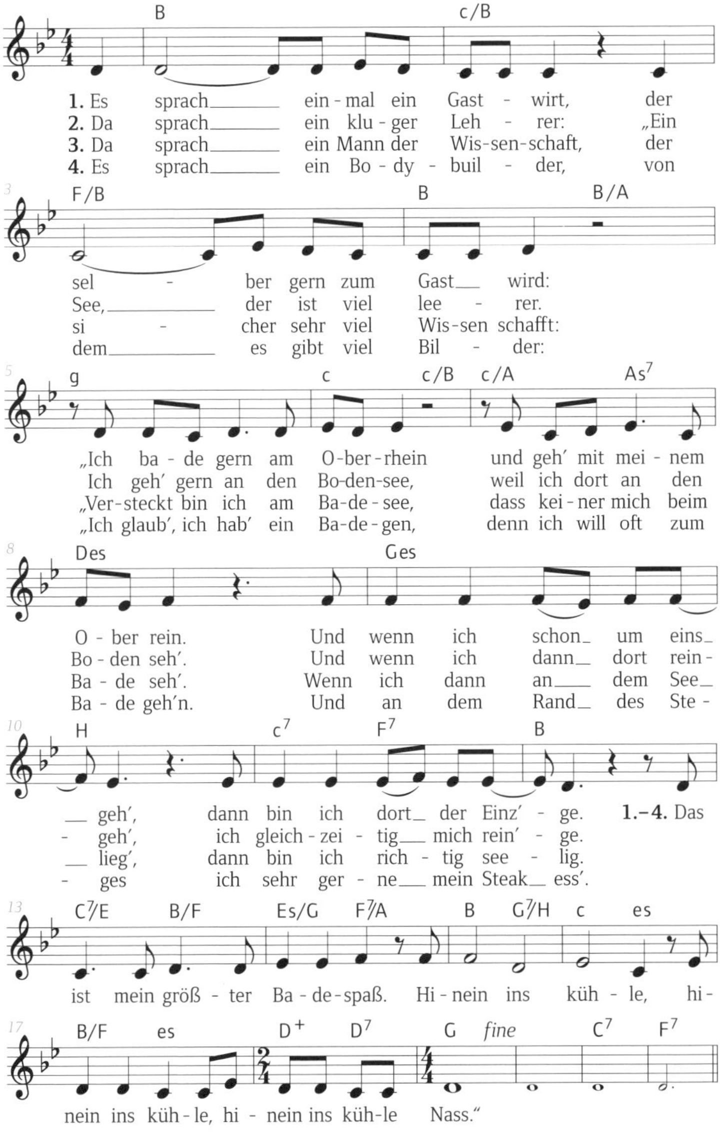
B c/B
1. Es sprach ein - mal ein Gast - wirt, der
2. Da sprach ein klu - ger Leh - rer: „Ein
3. Da sprach ein Mann der Wis-sen-schaft, der
4. Es sprach ein Bo - dy - buil - der, von
F/B B B/A
sel - ber gern zum Gast wird:
See, der ist viel lee - rer.
si - cher sehr viel Wis-sen schafft:
dem es gibt viel Bil - der:
g c c/B c/A As7
„Ich ba - de gern am O-ber-rhein und geh' mit mei - nem
Ich geh' gern an den Bo-den-see, weil ich dort an den
„Ver-steckt bin ich am Ba-de - see, dass kei - ner mich beim
„Ich glaub', ich hab' ein Ba-de-gen, denn ich will oft zum
Des Ges
O - ber rein. Und wenn ich schon um eins
Bo - den seh'. Und wenn ich dann dort rein -
Ba - de seh'. Wenn ich dann an dem See
Ba - de geh'n. Und an dem Rand des Ste -
H c7 F7 B
geh', dann bin ich dort der Einz' - ge. 1.–4. Das
- geh', ich gleich - zei - tig mich rein' - ge.
lieg', dann bin ich rich - tig see - lig.
- ges ich sehr ger - ne mein Steak ess'.
C7/E B/F Es/G F7/A B G7/H c es
ist mein größ - ter Ba - de - spaß. Hi - nein ins küh - le, hi -
B/F es D+ D7 G fine C7 F7
nein ins küh - le, hi - nein ins küh-le Nass."

T und M: Bernd Riede

We are the world

♩ = 73

5|11

1. There comes a time_ when we heed a cer-tain call__
2. We can't go on__ ⅞ pre-tend-ing day_ by day,_
3. Send them your heart so they'll know that some-one cares_

(2) G   A   D

when the world must come to-geth-er as one. There are
that some-one some-where will soon make a change. We are
and their lives will be ⅞ strong-er and free. As ⅞

5 h   fis

peo-ple dy - ing__ and it's time to lend a hand_ ⅞ to
all a part_ of__ God's_ great big fam-i-ly__ and the
God has shown us__ by__ turn-ing stones to bread, so we

7 e   G   1. A⁴   A

life the___ great - est gift for all.
truth you know, love is all we
all must__ lend a help - ing

2. u. 3.

9 A⁴   A 𝄋   G   A   D

need. **1.–3.** We are the world,_ we are the chil - dren,
hand.

(11) G   A

we are the ones__ who make a bright-er day,_ so let's_ start giv -

13 D   h

- in'. There's a choice we're ma - kin', we're

15 fis   e

sav-in' our_own lives. It's true we'll make a bet-ter day,

158

(16) G/A   ⊕ D G/D A/D *fine* 𝄋𝄋 D G/D A/D

— just you and me.

da capo (3. Strophe) al ⊕

19 ⊕ D   B   C

— When you're down and out there seems no hope. at all.

21 D   B   C

— But if you just be-lieve there's no way we. can fall.

23 D   h

— Let us re - al-ize,   that a

25 fis   e G   A⁴ A

change can on - ly come. when we stand to-geth-er as one.

dal 𝄋 bis 𝄋𝄋,
dann diesen
Abschnitt 2×

T und M: Michael Jackson/Lionel Richie | Interpreten: Band Aid, 1985

1984/85 gab es eine große Hungersnot in Äthiopien. 1985 bildete sich die Gruppe **„USA for Africa"** (United Support of Artists for Africa), die aus 47 berühmten Pop-Interpreten bestand. Michael Jackson und Lionel Richie verfassten für diese Gruppe den Song „We are the world". Das Lied wurde die am meisten verkaufte Single der 1980er-Jahre. Der Erlös kam Äthiopien zugute. Das Stück wurde nach dem schweren Erdbeben in Haiti Anfang 2010 durch **„Artists for Haiti"** neu aufgenommen.

We are the champions

♩. = 63

d a⁷ d

1. I've paid my dues,___ time af-ter time.
2. I've ta-ken my bows___ and my___ cur-tain calls.

a⁷ d

I've done my___ sen-tence
You brought me fame_ and for-tune and ev-ery-thing that

a⁷ d

but com-mit-ted no crime.___
goes with it. I thank you all.___

a⁷ F B/F

And bad mis - takes, I've made a
but it's been no bed of ro-ses, no plea-sure

F B/F F C/E

few. I've had my share of___ sand kicked in my
cruise. I con-si-der it a chal-lenge be-fore the whole hu-man

d G⁷ C C⁷

face but I've come_ through. (And I need to go on and on and
race and I ain't gonna lose.

D 𝄋 G h⁷ e

on and on.) **1.u.2.** We___ are the cham-pi-ons, my friend.___

C D G h C

And we'll___keep on fight-ing_ till the end.___

E⁷/Gis a D/A C° Es°

We are the cham-pions. We are the cham-pions.

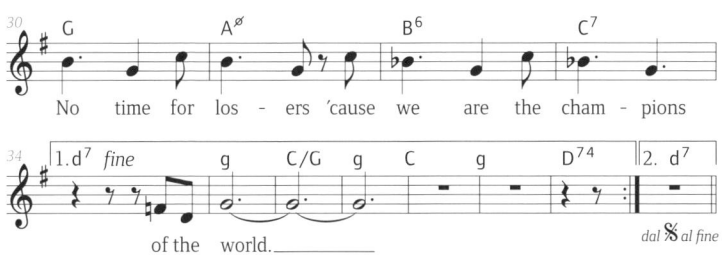

No time for los - ers 'cause we are the cham - pions

1. d⁷ fine | g | C/G | g | C | g | D⁷⁴ | 2. d⁷

of the world._____

dal 𝄋 al fine

T und M: Freddie Mercury | Interpreten: Queen, 1977 ↗ S. 191

◎ We will rock you

♩ = 82

5 | 13

Begleitung:

(klatschen) (e)

(stampfen)

1. Bud-dy, you're a boy, make a big noise play-in' in the
2. Bud-dy, you're a young man, hard man, shoutin' in the
3. Bud-dy, you're an old man, poor man, pleadin' with your

street, gon - na be a big man some day. You got
street, gon - na take on the world some day. You got
eyes, gon - na make you some peace some day. You got

mud on yo' face, you big dis - grace, ⁊
blood on yo' face, you big dis - grace, ⁊
mud on yo' face, ⁊ big dis - grace, some -

kick - in' your_ can_ all o - ver the place sing - in':
wa - vin' your_ ban - ner all o - ver the place.
bo - dy bet - ter put you back in - to your place.

nach 3. Str.
T. 6–9 wdh.

1.–3. We will, we will rock you! We will, we will rock you!

T und M: Tolga Kashif/Brian May/Freddie Mercury | Interpreten: Queen, 1977 ↗ S. 191

What a feeling

♩ = 93–123

5|14

B   F   c

First,   when there's noth-ing   but a   slow   glow-ing
lone   I   have   cried__   si-lent   tears   full of

g   Es   B

dream,__   that your   fear   seems to   hide   deep in -
pride__   in   a   world   made of   steel,   made of

1.As   F   2.As

- side__   your mind._   All a - __   stone._

F⁷ ⁴   F

Well.__

𝄋 B   F   c

I_____ hear the mu - sic,   close my   eyes,   feel the
I_____ hear the mu - sic,   close my   eyes.   I am

g   Es   B   As

rhythm__   wrap a - round, take a   hold   of my   heart.__
rhythm._   In a   flash_   it takes hold   of my   heart.__

F   g   F   Es   F   g   F

What a   feel - ing.   Bein's be-liev - in'

(nach Wdh.)

Es   F   B   c   B/D   Es

I can   have_   it   all,_   now I'm danc - ing   for_____   my life.
Pic-tures come_   a - life,_   you can dance_ right through_ your life.

27 F⁷⁴   1.F   g   F   Es   F

— Take your pas - sion_   and make it hap-

31 g   F   2.F   B   F   c   g

- pen.

37 Es   B   As   F   *dal 𝄋 al* ⊕

Now_

41 ⊕F⁷⁴   F   As   F

(life)_____ What a feel - ing.

47 As   F   g   F   Es   F

What a feel - ing____   Bein's be-liev-

53 g   F   Es   F   B   c

- in'.   Pic-tures come_ a - live,_ you can dance

56 B/D   Es   F⁷⁴ F   g   F

right through your life.____ What a feel - ing._

60 1. u. 2. Es   F   ‖3. Es   F   As   B

What a feel -   What a feel - ing.____

T: Keith Forsey/Irene Cara | M: Giorgio Moroder | Interpretin: Irene Cara, 1983

White dove

♩ = 68

5|15

D **A** **e**

1. A place with-out a name ⁊ ⁊ un-der a
2. ⁊ Waves big like a house, they're strand-ed on a
3. And now you're tell-ing me, ⁊ ⁊ you've seen it

h **D** **A** **e**

burn-ing sky._ There's no milk and hon-ey here in the land of
piece of wood. To leave ⁊ it all be-hind ⁊ to start a-
all be-fore. I know_ that's right but still ⁊ it breaks my

h **D** **A** **e**

God. ⁊ ⁊ Some-one holds a sign. It says, ⁊ ⁊ we are
gain._ But in-stead of a new life ⁊ all they find is a
heart. Well, the gold-en lamb we sent ⁊ ⁊ makes us feel

h **D** **A** **e** **h**

hu-man too, ⁊ and while the sun goes down, ⁊ the world goes by._
door that's closed. ⁊ And they keep look-ing for ⁊ a place called hope.
bet-ter now. But you know it's just a drop in a sea of tears.

D **A** **e** **h**

White dove fly with the wind, take our hope un-der your wings. For the

D **A** **e** **1.h** da capo

world to know that hope will not die where the chil-dren cry._

2.h Refrain mit „na", weiter in T. 16 **3.h** Refrain mit Text, dann Refrain mit „na" **G**

Can an-y-one tell me why

h **e** **Fis** da capo

___ the chil-dren of ___ the world have to pay the price.

im Original nach T. 19 Zwischenspiel über das Harmonieschema von T. 1 – T. 4

T und M: Anna Adams, Gábor Presser | Interpreten: Scorpions, 1994

Wind of change

♩ = 76

5|16

G *gepfiffen*   e   h   e   h   A   *fine*

%   D   e   D

1. I   fol-low   the Mos-kva__   down to   Gor-ky Park,__
   An   Au-gust   sum-mer-night,   sol-diers passing by, __
2. The world is   clos-ing in__   did you ev-er think
   The   fu-ture's in   the air,__   can feel it   ev-'ry-where,
3. 𝄎   Walk-ing down the street,   dis-tant me-mo-ries__
   I   fol-low   the Mos-kva__   down to Gor-ky Park,__

(8)   e   h   1. A   2. A *nach 1. Str. da capo*

𝄎   list-'ning to   the wind__   of change._____
𝄎   list-'ning to   the wind__   of change.   ____
that we could be   so close,   like broth-   ers.
𝄎   blow-ing with the wind__   of change.
are bur-ied   in the past__   for ev-   er.
𝄎   list-'ning to   the wind__   of change.   ____

12   *nach 2. und 3. Strophe*   D   A   e   A

2.u.3. Take   me   to the   ma-gic   of the mo-ment 𝄎 on a glo-
child-ren   of   to-mor-row   dream a-way

15   1. D   A   2. h   G   A

-ry night, where the   ___   in the wind of change.   *nach 1. Refrain dal %, nach 2. Refrain weiter*

18   h   A

The wind of   change blows straight   in-to the   face   of time,

20   h   A

___   like a   storm-wind   that will   ring__   the free-dom bell

(21)   D

___   for peace of   mind.__   Let__ your bal-a-lai-ka   sing,

23   e   Fis

___ what my gui-tar__ wants to sing._____

es folgen T. 13–17, dann da capo al fine; im Original vor Schluss-refrain 8 Takte Zwischenspiel

T und M: Klaus Meine | Interpreten: Scorpions, 1990 ↗ S. 191

Wonderful world

♩ = 120

5|17

1.u.3. Don't know much a-bout his-to-ry, don't know much bi -
2. Don't know much a-bout ge - og-ra-phy, don't know much trig-o -
ol - o - gy. Don't know much a - bout sci - ence book,
nom - e - try. Don't know much a - bout al - ge-bra,
don't know much a - bout the French I____ took;
don't know what a slide__ rule__ is for,
but I do know that I love you, and I know that if you
but I do know one and one is two, and if this one could
love me too, what a won-der-ful world this would be.
be with you, what a won-der-ful world this would be.

I don't claim____ to be an „A" stu-dent,
but I'm try - ing to be. For
may - be by be - ing an „A" stu-dent, ba - by,
da capo al fine
I can win your love for me.____

T und M: Sam Cooke/Herb Alpert/Lou Adler | Interpret: Sam Cooke, 1960

X-mas (War is over)

♪ = 146

(sheet music)

T und M: John Lennon/Yoko Ono | Interpret: John Lennon, 1971 ↗ S. 191

Yellow submarine

♩ = 114

5|19

D · A · G · D · h

In the town_____ where I was born lived a
and he told_____ us of his life in the
So we sailed_____ on to the sun 'till we
and we lived_____ be-neath the waves in our

e · G · A · 𝄋 · D

man_____ who sailed to sea, We all live in a
land_____ of sub-ma-rines.
found_____ the sea of green,
yel - low sub-ma-rine.

A · D · *fine*

yel-low sub-ma-rine, yel-low sub-ma-rine, yel-low sub-ma-rine.

A · G · D · h

And our friends_____ are all a-board, man-y,
And we live_____ a life of ease, ev-'ry-

e · G · A · D

more of them_____ live next door, and the
one of us_____ has all we need, sky of

A · G · |1. D · h · e · G · A · *dal 𝄋*

band_____ be-gins to play.
blue_____ and sea of

dal 𝄋

|2. D · h · e · G · A

green in our yel - low sub-ma-rine.

Refrain
3× spielen

Im Original vor „And we live" Zwischenspiel mit dem Harmonieschema von T. 1 mit Auftakt bis T. 4 samt Wdh.

T und M: John Lennon/Paul McCartney | Interpreten: Beatles, 1966 ↗ S. 191

Y. M. C. A.

♩ = 131

A

1. Young man, there's no need to feel down, I said, young man,
   Young man, there's a place you can go, _ I said, young man,
2. Young man, are you listen-ing to me? _ I said, young man,
   No man does it all by him-self, _ I said, young man,
3. Young man, I was once in your shoes, I said, I was
   That's when some-one came up to me _ and said: „Young man,

D

pick your-self off the ground, I said: Young man, 'cause you're
when you're short on your dough, you can stay there and I'm
what do you want to be? _ I said, young man, you can
put your pride on the shelf _ and just go there to the
down and out with the blues, I felt no man cared if
take a walk up the street. It's a place there called the

E/Gis D/Fis cis/E | **1. h/D A/Cis E/H**

in a new town _ there's no need to _ be un-hap-py.
sure you will find _ man-y ways to _ have
make real your dreams but you've got to _ know _ this one thing!
Y. M. C. A., _ I'm sure they can _ help
I were a-live. _ I felt the whole world _ was so jive.
Y. M. C. A. _ They can start you _ back

2. h/D A/Cis E/H E⁴ 𝄋 **A** *fine*

a good time. It's fun to stay at the Y. M. C. A.
you to-day.
on your way."

fis **h⁷**

It's fun to stay at the Y. M. C. A. _ They have ev-er-y-thing for young
You can get yourself clean, you can

E⁴ *nach 3. Strophe dal 𝄋 al fine*

men to en-joy. You can hang out with all _ the boys.
have a good meal, you can do what-ev-er _ you feel.

T: Victor Willis | M: Jacques Morali | Interpreten: Village People, 1979

You are not alone

♩ = 60

5|21

D   𝄋 D

1. An-oth-er day   has gone,___   𝄾 I'm still all___ a-lone
___   **2.u.5.** I am here   with you.
___   **3.** I thought I   heard you cry,
___   **4.**𝄾 I   am here with you.

h⁷   e⁷

___   how___ could this   be,___   𝄾 you're not here with me?
Though you're far___ a - way___   𝄾 I am here to   stay.
ask - ing me___ to   go___   and hold you in___ my   arms.
Though you're far___ a - way___   𝄾 I am here to   stay.

A⁴   D

___   You nev - er said   good-bye,___   𝄾 some-one tell___ me why
___   𝄾 You are not___ a - lone,___   𝄾 I am here with you.
___   𝄾 I can hear   your breaths.   Your bur-dens I___ will bear.
___   But you are not___ a - lone,___   𝄾 I am here with you.

h⁷   e⁷

___   𝄾 did she have to   go___   𝄾 and leave my world so cold?
Though we're far___ a - part,   𝄾 you're al-ways in___ my heart.
But first I   need you here.   Then for - ev - er can___ be-gin.___
Though we're far___ a - part___   𝄾 you're al-ways in___ my heart.

|1. u. 3.

9   A⁷⁴   C⁶   H⁷

___   **(1., 3.)** Ev -'ry day I   sit___ and ask___ my - self___ how

11   G   e⁷

did love slip a-way?   Some-thing whis-pers in___ my ear___ and says:

‖2. u. 5.

13   A⁷⁴   A⁷⁴

___   **(2., 4.)** You are not___ a - lone,   but you are not___ a - lone,

T und M: R. Kelly | Interpret: Michael Jackson, 1995

Michael Jackson (1958–2009) war ein US-amerikanischer Popsänger, Texter, Komponist, Sänger und Produzent. Bereits als Kind war er mit seinen Geschwistern in der Gruppe „The Jackson Five" international erfolgreich. 1971 begann seine Solokarriere. 1982 erschien das Album „Thriller". Es gilt mit mehr als 110 Millionen verkauften Exemplaren als das erfolgreichste Album der Popmusik. Michael Jacksons Musik- und Tanzstil wurde prägend für die 1990er Jahre. Als „King of pop" bezeichnet gehört er mit über 700 Millionen Tonträgern weltweit zu den erfolgreichsten Entertainern aller Zeiten. Er starb an einer Vergiftung durch ein Schlafmittel.

You're the one that I want

♩ = 107

5|22

fis

1. I got chills, they're mul - ti - ply - in',
2. filled with af - fec - tion

D   A

and I'm los - in' con - trol.__ 'Cause the
you're too shy_____ to con - vey.__ Med - i -

Cis   fis

pow - er you're sup - ply - in'.
tate___ in my di - rec - tion.

A

(feel your way.)
You bet - ter shape up,
I bet - ter shape up,

cis   fis

'cause I need__ a man, and my heart
'cause you need__ a man__ who can keep

D

__ is set on you.   You bet - ter shape
__ me sat - is - fied. I bet - ter shape

A   cis

up,____ you bet - ter un - der - stand__
up,____ if I'm__ gon - na prove__

fis

to my heart__ I must be true,
that my faith__ is jus - ti - fied.

172

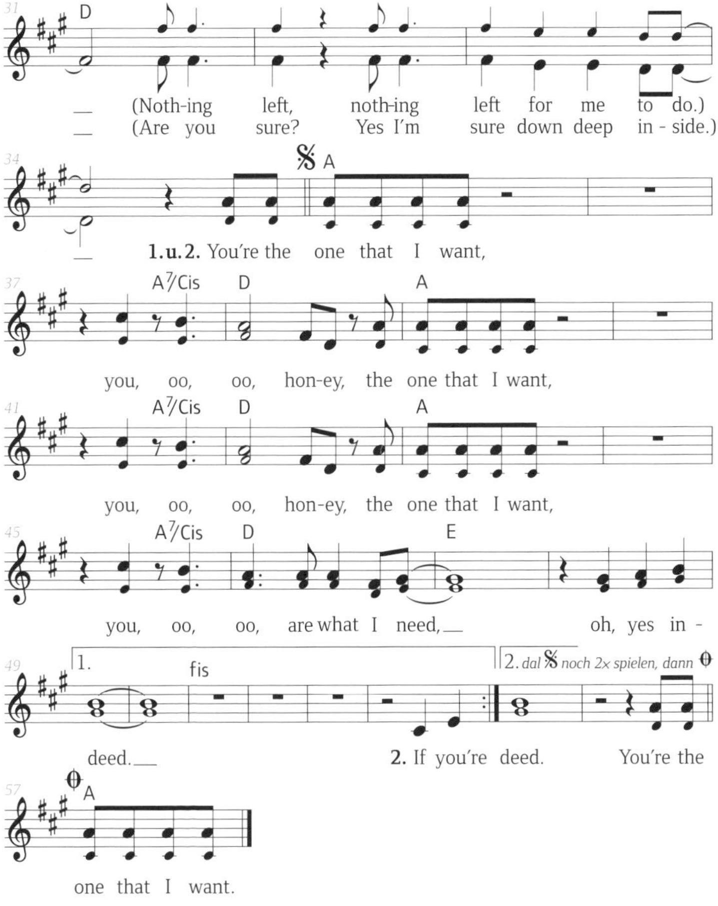
D
— (Noth-ing left, noth-ing left for me to do.)
— (Are you sure? Yes I'm sure down deep in - side.)
A
— 1.u.2. You're the one that I want,
A7/Cis D A
you, oo, oo, hon-ey, the one that I want,
A7/Cis D A
you, oo, oo, hon-ey, the one that I want,
A7/Cis D E
you, oo, oo, are what I need,— oh, yes in -
1.
fis
2. dal 𝄋 noch 2x spielen, dann 𝄌
deed.— 2. If you're deed. You're the
𝄌 A
one that I want.

T und M: John Farrar | Interpret: Olivia Newton-John/John Travolta, 1978

Zu spät

♩ = 141

5|23

D

1. Wa - rum hast du mir das an - ge - tan?_
2. Du bist mit ihm im The - a - ter ge - we - sen,

G

Ich hab's von ei - nem_ Be - kann - ten er - fahr'n:
ich hab dir nur_ Fix und Fo - xi vor - ge - le - sen, du

D

Du hast jetzt ei - nen_ neu - en Freund.
warst mit ihm es - sen, na - tür - lich im Ritz,_ bei

A

Zwei Wo - chen lang_ hab' ich nur ge - weint! Jetzt schaust du
mir_ gab's nur Cur - ry - wurst mit Pommes frites! Der Ge -

D **A** **G**

weg,_ grüßt mich nicht mehr und ich lieb' dich
dan - ke bringt mich ins Grab! Er kriegt das,_ was

(11) **D**

im - mer noch so_ sehr! Ich weiß, was dir an ihm ge -
ich_ nicht hab'!_ Ich has - se ihn, wenn es das

A **G**

fällt: Ich bin arm und er hat Geld!_
gibt, so wie ich dich vor - her ge - liebt!

e

Du liebst ihn nur, weil er ein Au - to hat und
Ich woll - te ihn ver - prü - geln, dei - nen Su - per - mann, ich

nicht wie ich 𝄽 𝄾 ein klapp-ri-ges Da - men-rad.
wusste nicht, 𝄾 dass er auch 𝄾 𝄽 Ka - ra - te kann!

1.u.2. Doch ei - nes Ta - ges werd ich mich rä-chen,

ich werd die Her-zen al - ler Mäd-chen bre - chen. Dann bin

ich ein Star,_ der in der Zei - tung_ steht, und dann
3. und du läufst hin - ter mir her, doch dann

1. u. 3.

weiter mit Takt 32

tut es dir leid, 𝄾 doch dann ist es zu spät! Zu
ist es zu spät, dann kenn' ich dich nicht mehr! 𝄽 Zu

2. H

ist es zu spät! Ei-nes spät, (zu spät,) zu spät, (zu spät,) zu

spät (zu spät). Doch dann ist es zu spät. Zu

spät, (zu spät,) zu spät, (zu spät,) zu spät (zu spät). Dann ist

1. H   *da capo*   2. H

. al - les zu spät. al - les viel zu spät.___

T und M: Farin Urlaub | Interpreten: Die Ärzte, 1984

175

Singen lernen

1. Allgemeines

Körperhaltung

Durch eine gute Körperhaltung beim Singen trifft man die Töne besser, singt voller und bekommt einen größeren Stimmumfang. Am besten singt man im Stehen, mit geradem Körper, die Füße beckenbreit, die Knie leicht gebeugt. Die Schultern und die Arme hängen locker. Gewinnbringend ist die Vorstellung einer großen inneren Weite. Es ist sinnvoll, sich zwischendurch immer wieder einmal auf die Körperhaltung zu konzentrieren.

Mund und Rachen

Der leere Mund soll weit offen sein, soweit es der zu singende Text möglich macht, und dabei locker sein. Die Zunge liegt möglichst tief und entspannt. Auch hier ist die Vorstellung einer großen Weite des Mundes und des Rachenraumes sehr sinnvoll.

Atmung

Man sollte beim Singen tief mit der Nase einatmen, wobei sich der Bauch weitet und die Schultern unten bleiben.

Empfehlenswert ist es, beim Singen von Liedern kurze Abschnitte von ein bis zwei Takten auf einen Atemzug zu nehmen. Im Songbuch wurde durch Setzung der Pausen darauf geachtet, dass dies in der Regel gut möglich ist.

Singweise

Man singt Lieder am besten:
- ohne Glissando, also auf jeweils gleich bleibender Tonhöhe,
- ohne Hauch, d. h. mit sparsamem Luftstrom,
- legato, nicht staccato,
- ausdrucksvoll,
- mit der Vorstellung, die Töne in die Ferne zu übertragen.

Hilfreich ist es, sich zu Beginn des Singens einen Ton zunächst innerlich vorzustellen, damit er ohne Glissando erklingt. Bei hohen Tönen ist die Vorstellung anzustreben, den Ton von oben zu erreichen.

Längere Silben singt man auf Vokale, nicht auf stimmhafte Konsonanten, also z. B. nicht „Sommmmmmer", sondern „Soooooooommer".

Am Ende von kurzen Abschnitten werden häufig längere Noten nicht lange genug ausgehalten. Man sollte sie genauso lange singen wie notiert. Eventuelle Konsonanten am Schluss werden auf den Beginn der Pause gesetzt. Im Notenbeispiel erklingt also das „t" auf der dritten Zählzeit.

Es empfiehlt sich, neu zu lernende Lieder zunächst ohne Text auf die unter 2. genannten Silben zu singen, das erleichtert das Einprägen von Tonfolge und Rhythmus.

2. Beginn des Einsingens

So wie ein Sportler ein Aufwärmtraining absolviert, so sollte man vor dem Singen Einsingübungen machen. Das erleichtert die Singhaltung und gewährleistet das allmähliche Aufwärmen der Stimm-Muskulatur. Dadurch kann man locker singen, der Stimmumfang wird vergrößert und die Intonation verbessert.

Zu Beginn konzentriert man sich auf die Körperhaltung, die oben genannte Vorstellung von Mund und Rachen und die Atmung.

Dann beginnt man mit Glissandi von unten nach oben und zurück. Für Glissandi und die weiteren genannten Übungen sind folgende Silben geeignet, die hin und wieder wechseln sollten: a, ä, offenes o wie in Sonne, na, nä, no, ja, jä, jo, nga, ngä, ngo; auch summen ist sinnvoll. Der Tonumfang sollte allmählich erweitert werden.

Sodann singt man beliebige Töne, in einer Gruppe singt jeder individuell verschiedene.

3. Tongetreues Singen

Im Folgenden werden Hinweise dafür gegeben, wie jeder einzeln für sich lernen kann, Nachsingfähigkeit und Intonation zu verbessern.

Wenn Töne nicht getroffen werden

Etliche treffen beim Singen von Liedern die Töne gar nicht oder nicht genau. Nach Erfahrung des Autors kann fast jeder vor und nach dem Stimmwechsel ohne sehr großen Aufwand lernen, tongetreu zu singen, zumindest in einem Stimmumfang von einer Quinte.

Wer nicht tongetreu singen kann, sollte zunächst seinen eigenen Stimmumfang kennen lernen. Dazu singt er bzw. sie Töne; eine andere Person spielt diese Töne auf dem Klavier oder einem anderen Instrument nach und bestimmt so den Stimmumfang.

Nun sollte geübt werden, einen vorgegebenen Ton, der im eigenen Stimmumfang liegt, nachzusingen und dann allmählich kleinschrittig weitere benachbarte Töne nachzusingen.

Der Stimmumfang ist natürlich bei jeder Person verschieden. Damit man in der Gruppe die in diesem Songbuch vorgegebenen Lieder singen kann, ist es sinnvoll, den Ton c bzw. c^1 als zentralen Ton zu nehmen. Der Ton c^1 liegt im Stimmumfang der allermeisten Mädchen, Frauen und Jungen vor dem Stimmwechsel. Der Ton c liegt im Stimmumfang der allermeisten jungen Männer nach dem Stimmwechsel. Während des Stimmwechsels bei Jungen liegen diese beiden Töne allerdings öfter nicht innerhalb ihres Stimmumfanges.

Der vorgegebene Ton sollte möglichst in derselben Oktavlage liegen wie der nach-gesungene. Je näher außerdem die Klangfarbe des vorgegebenen Tons der menschlichen Stimme ist, desto leichter ist er nachzusingen.

Wenn der vorgegebene Ton zunächst ca. eine halbe Minute oder länger erklingt, kann er sich ins Gedächtnis einprägen, wodurch das Nachsingen erleichtert wird. Anschließend sollte der Sänger bzw. die Sängerin sich den Ton innerlich genau vorstellen und ihn dann nachsingen. Danach sollte er bzw. sie genau prüfen, ob der Ton richtig war oder nicht, und es gegebenenfalls erneut versuchen.

Es ist sinnvoll, sich von einer anderen Person helfen zu lassen. Die übende Person singt einen Ton vor, und die helfende Person singt diesen nach. Danach singt die übende Person wieder denselben Ton und beide singen zusammen. Dieser Ton sollte stabilisiert werden durch Rhythmisierung und durch Singen verschiedener Silben.

Sodann singt die helfende Person vom ersten Ton aus stufenweise Töne in Richtung c bzw. c[1]. Die übende Person singt nach.

Singen auf einem Ton

Nach dem Beginn des Einsingens ist es hilfreich, dass der Ton c[1] zunächst längere Zeit erklingt, damit er sich im Gehör einprägt. Dann sollte er mit den oben angegebenen Silben gesungen werden. Man kann den Ton auch rhythmisieren und sich auf diesem Ton singend unterhalten, wie die folgenden Notenbeispiele zeigen.

Wichtig sind Pausen zum Atmen. Sehr zweckmäßig ist es, wie im Notenbeispiel einen 4/4-Takt zu verwenden und auf der 4. Zählzeit immer eine Pause zu machen.

Es ist wichtig, dass man zu verschiedenen Übungszeitpunkten immer den gleichen Grundton nimmt. So kann er sich ins Gedächtnis einprägen.

Singen mit mehreren Tönen

Man kann kurze Tonfolgen erklingen lassen, die mit dem Grundton beginnen und enden, und man singt sie nach (Beispiel a). Am Anfang am besten nur mit zwei verschiedenen Tönen.

Solche Tonfolgen können auch rhythmisiert werden (Beispiel b).

Diese Tonfolgen können auch in einer Dur-Tonleiter versetzt werden (Beispiele c und d).

Singen von einfachen Liedern

Nachstehend und auf den Seiten 61, 64, 67, 70, 80, 104, 113, 116 sind Lieder mit ganz geringem Tonumfang wiedergegeben.

– „Sugarbaby" auf einem Ton kann so gesungen werden, dass eine Person oder eine Gruppe vorsingt, die anderen nachsingen.
– Das Stück „Sweetest little darling " eignet sich für Gruppen, in denen etliche nur einen ganz geringen Stimmumfang besitzen. Diese singen die Noten mit den Hälsen nach unten. In diesem Part kommen nur zwei verschiedene Töne vor.
– Den Umfang einer kleinen Terz weisen die Lieder „Yes oui ken" auf S. 182 und „Sternenglanz" auf S. 132 auf. Die allermeisten der folgenden Songs besitzen den Stimmumfang einer Quarte.

Es empfiehlt sich, diese Lieder nicht zu transponieren, damit sich die Töne gut ins Gedächtnis einprägen.

Viel Spaß und viel Erfolg!

Sugarbaby

T und M: Bernd Riede

Sweetest little darling

1. You are my re‑al star,_ ja das ist wirk‑lich wahr.
2. I like your gold‑en hair, ja, das ge‑fällt mir sehr.
3. It's real‑ly ve‑ry fine, dass du bist end‑lich mein.

You are my des‑ti‑ny,__ denn dich ver‑gess' ich nie._
I love your bright blue eyes, sie ma‑chen mich ganz heiß.
I give you all my love, ich denk' an dich im Schlaf.

You are al‑ways on my mind, vor Glück hab' ich ge‑weint.
Your so long and love‑ly legs, die ma‑chen mich per‑plex.
We are such a su‑per team, und sind so schön in‑tim._

Your char‑ac‑ter is so strong,___ drum sing ich die‑sen Song:___
I do wish to kiss your feet,___ drum sing ich die‑ses Lied:___
Just for you I wrote this hit,___ drum singt nun al‑le mit:___

1.–3. Sweet‑est lit‑tle dar‑ling, I love___ you._ Ja, das ist doch

wirk‑lich der Clou,_ sweet‑est lit‑tle dar‑ling. And you do love_ me too,

and you do love_ me too, das gibt mir Kraft und viel Ruh'._

nach 3. Strophe
die letzten
2 Takte 2× wdh.

T und M: Bernd Riede

Mister Jös

1. Miss Ver-ständ-nis sah recht gern_ ei-nen schö-nen,
2. Da sprach sie zu Mis-ter Jös:_ „Bit-te sein'n Sie
3. Da - rauf sprach der Herr zur Miss: „Auch Ihr Na - me

rei - chen Herrn. Die-ser, na-mens Mis - ter Jös,_
mir_ nicht bös._ Sie sind nett, je - doch_ Ihr Nam'.
ist_ ge - wiss, e - ben-so wie Mis - ter Jös,_

war zu ihr recht ge - ne - rös._ Mis-ter Jös und
ist für mich ein Grund zur Scham. Man-che mei - nen,
doch ein we - nig mys-te - ri - ös._ Wenn wir uns je-

Miss Ver-ständ-nis ka-men bald zu der Er - kennt-nis,
hei - ter ist_ er", sprach sie ernst-haft zu dem Mis - ter,
doch ver-mäh - len, müs-sen wir uns nicht mehr quä - len;

dass sie sich so gut ver-ste - hen und zu-sam-men
„doch er führt", so Miss Ver-ständ-nis, „leicht zu ei - nem
wär'n wir doch nach mei - ner Kennt-nis, Mis - ter und Mis -

wol - len ge - hen, und zu-sam-men wol-len ge-hen.
Miss-ver-ständ-nis, leicht zu ei - nem Miss-ver-ständ-nis."
sis Ver-ständ-nis, Mis-ter und Mis - sis Ver-ständ-nis."

T und M: Bernd Riede

Yes oui ken*

Yes, oui, ken,— po, sim, i - gen,
tak, taip, hai,— haan, shi, chai,—
e - vet, kül-lä, da, da,— da, da, ba - le, a - re, ja, ja,—
— a - no, nä, si, si,— si, si, a,—
i - ta, a - yo, o - o, ha, ha, ha,— ha.

T und M: Bernd Riede ↗ S. 192

*„Ja" in über 30 Sprachen

May you walk in beauty

May you walk— in beau - ty in a sa - cred way.
— May you walk— in beau - ty each an ev'ry - day.

T: unbekannt M: Bernd Riede

Patterns zur Klavier-Begleitung

1. Einleitung

Im Folgenden werden Patterns zur einfachen Klavier-Begleitung dargestellt, zunächst Lagen von Akkorden, dann deren Rhythmisierung. Bei der Lage der Akkorde gibt es zwei grundsätzliche Arten.

1. Die Akkorde werden nur in der linken Hand gespielt. Dann ist die Liedmelodie in der rechten Hand spielbar, wodurch das Mitsingen einfacher ist. Die Begleitung kann hier weniger abwechslungsreich sein als bei der folgenden Art.

2. Wenn die Akkorde auf beide Hände verteilt sind, ist zwar die Melodie des Liedes nicht spielbar. Dafür kann die Begleitung jedoch sehr komplex sein und auch mehr Bassfülle aufweisen.

Für beide Fälle der einfachen Begleitung werden ganz wenige Lagen dargestellt, die in allen Dur- und Moll-Tonarten gespielt werden können. Die Verwendung des Fingersatzes erleichtert die Begleitung erheblich.

Wenn in einem Lied eine zweite Stimme notiert ist, kann die Begleitung folgendermaßen gespielt werden: Die rechte Hand übernimmt die beiden Gesangsstimmen, die linke Hand den angegebenen Basston.

2. Zweistimmige Akkorde in der linken Hand

Hohe Lage in Dur

Bei den folgenden zweistimmigen Akkorden werden die großen Terzen als Dur-Akkorde gehört. Der Quintton kann weggelassen werden, weil er für die Wahrnehmung des Tongeschlechts keine Rolle spielt. Das Weglassen des Terztons bei der Dominante gewährleistet, dass es nicht zu starken Dissonanzen kommt. Zum Beispiel würde beim Akkord c-h-d in der linken Hand ein gleichzeitig erklingendes c in der rechten sehr dissonant klingen.

Welche der im Folgenden dargestellten Lagen für die Begleitung geeignet ist, hängt ab von der Lage der Melodie, deren Charakter und dem Instrument.

Das folgende Pattern eignet sich in der Regel für die Begleitung von Liedern in C-Dur, Des-Dur, D-Dur, Es-Dur, E-Dur und F-Dur.

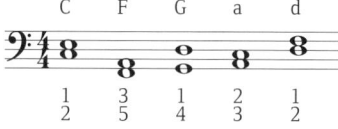 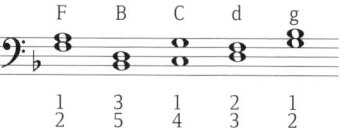

Hohe Lage in Moll

Entsprechendes gilt für Moll.

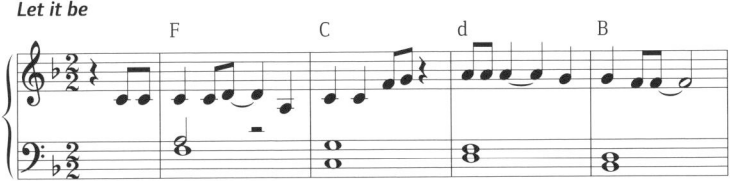

Hier hört man den letzten Akkord nicht als Moll-Akkord, sondern eher als halbverminderten Septakkord; so ist er auch bezeichnet.

Tief liegende Melodie

Wenn die Melodie tief liegt, kann man den oberen Ton weglassen (siehe folgendes Notenbeispiel in T. 1).

Let it be

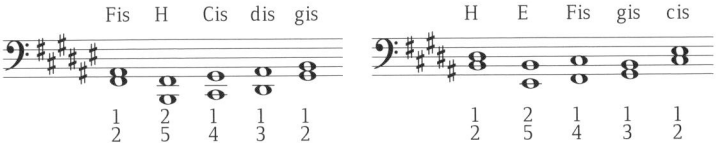

Tiefe Lage in Dur

Für die Tonarten von Fis-Dur an aufwärts bis H-Dur klingt es besser, in tiefer Lage zu spielen. Hier sind einige Akkorde nur als Quinten dargestellt, da Terzen in tiefer Lage zu Reibungen führen würden. Dadurch, dass die Tonika den Terzton aufweist, ist das Tongeschlecht deutlich.

Tiefe Lage in Moll

Entsprechendes gilt für Moll. Hier klingt die tiefe Lage – im Gegensatz zu Dur - erst etwa von gis-Moll an aufwärts gut, da die kleine Terz in tieferer Lage zu Reibungen führt.

3. Vierstimmige Akkorde in beiden Händen

Die folgenden Akkorde können in allen Tonarten gespielt werden. Natürlich kann der Bass auch eine Oktave tiefer liegen.

Begleitakkorde in C-Dur

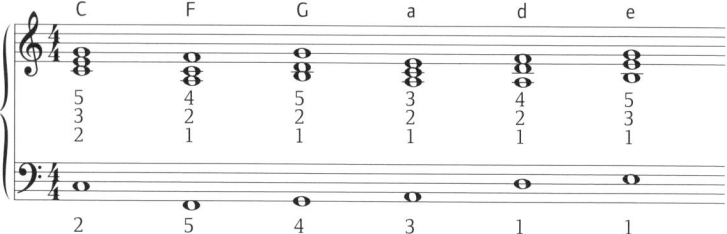

Begleitakkorde in c-Moll

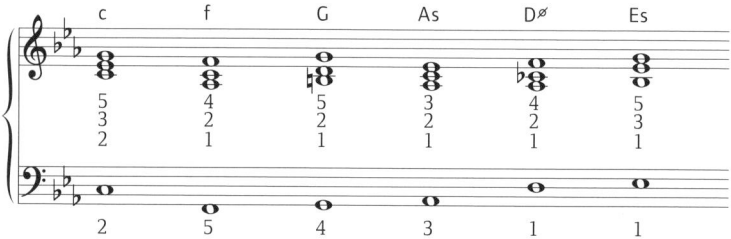

4. Rhythmisierungen

Im Folgenden werden Rhythmisierungen der oben notierten Akkorde dargestellt.

Rhythmen für zweistimmige Akkorde in der linken Hand

Rhythmen für vierstimmige Akkorde in beiden Händen

a)   b)   c)   d)

e)   f)   g)   h)

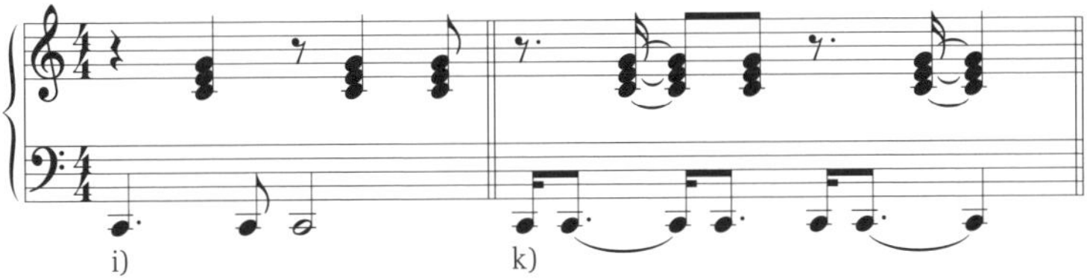

i)   k)

Natürlich gibt es eine Fülle weiterer möglicher Patterns.
Es ist sinnvoll, die Patterns innerhalb eines Liedes abzuwechseln.
Beispiele für die Begleitung mit zweistimmigen Akkorden:

Bye-bye, love

There goes my ba - by

Bye - bye, love

Texte und Erläuterungen zu den Liedern

Alles nur geklaut

Die *Prinzen* waren Mitglieder des Thomaner-chores Leipzig bzw. des Dresdner Kreuzchores. Die Band gehört seit Anfang der 1990er-Jahre zu den bekanntesten deutschen Gruppen, die mehrstimmig mit und ohne Begleitung singen.

As time goes by

Das Lied stammt aus dem Film „Casablanca" (1941), in dem es als Leitmelodie fungiert für den Ausdruck der Liebe zwischen Rick und Ilsa.

Bye-bye love

Die *Everly Brothers* sind ein US-amerikanisches Gitarren- und Gesangsduo, bestehend aus Don Everly (geb. 1937) und dessen Bruder Phil (geb. 1939). Die Gruppe gehört zu den erfolgreichsten Musikduos der Popgeschichte und zu einer der bekanntesten Gruppen der 1950er- und 1960er-Jahre. Im Songbuch wurde die Textzeile „I feel like I could die" ersetzt durch „I feel like I could cry".

Denkmal

Die Band *Wir sind Helden* um die Sängerin Judith Holofernes wurde im Jahr 2000 gegründet. In den Liedern der Gruppe spiegelt sich oft ihre medienkritische Einstellung wider. „Denkmal" zählt zu ihren bekanntesten Hits.

Dieser Weg

Xavier Naidoo (geb. 1971) ist ein deutscher Soul- und R&B-Sänger, Texter und Komponist. Er wirkt sowohl als Solosänger als auch in seiner Band *Söhne Mannheims*. Er ist bekennender Christ und engagiert sich in seinen Texten für zwischenmenschliche Verständigung. „Dieser Weg" wurde im Zusammenhang mit der Fußballweltmeisterschaft 2006 in Deutschland oft gespielt.

Father and son

Cat Stevens (geb. 1948) ist ein britisch-zypriotischer Sänger, Texter und Komponist. Er begleitet sich auf der Gitarre. 1977 trat er dem Islam bei und nennt sich seitdem Yusuf Islam.

Feliz navidad

Jose Feliciano (geb. 1945) ist ein bedeutender puertoricanischer Gitarrist und Rockmusiker, dessen Musik u. a. von Einflüssen lateinamerikanischer Folklore geprägt ist.

Get up, stand up

Bob Marley (1945–1981) war ein jamaikanischer Sänger, Texter und Komponist. Marley war Mitbegründer und einer der bedeutendsten Vertreter des Reggae. Durch ihn und seine Band *The Wailers* (Die Wehklager) wurde der Reggae ab Mitte der 1970er-Jahre international bekannt. In seinen Texten engagierte sich Marley für soziale Gerechtigkeit und verbreitete die spirituelle Botschaft der Rastafari.

Go west

Der Song wurde 1979 von den *Village People* (S. 169) gesungen. Das Stück entwickelte sich zum Song der Homosexuellen-Szene in den USA. 1993 nahmen die *Pet Shop Boys* das Lied mit veränderter, geglätteter Melodie auf. In dieser Version ist das Stück hier abgedruckt. Die *Pet Shop Boys* thematisierten mit diesem Song die Öffnung der Grenzen in Mitteleuropa um 1990. Im Intro wird die sowjetische Nationalhymne zitiert. Die Harmonik des Stückes beruht auf der des berühmten Kanons von Johann Pachelbel (1653–1706). Das Video zu „Go west" war eines der ersten mit einem durchgehend computeranimierten Hintergrund.

Hallo Berlin

Die *wise guys* (englisch für Besserwisser) gehören zu den bekanntesten deutschen A-cappella-Bands. Die Gruppe ging 1995 aus einer Schülerband hervor. Sie tritt fast ausschließlich mit selbst komponierten, deutschsprachigen Liedern auf, die oft sehr humorvoll sind.

Ich bring dich durch die Nacht

Reinhard Mey (geb. 1942) ist ein deutscher Dichter, Sänger und Komponist von Liedern. Er begleitet sich selbst auf der Gitarre, zuweilen spielt auch eine Band mit. Von 1967 bis 2010 hat Mey in Deutschland 25 Studioalben herausgebracht. Damit gehört er zu den produktivsten und bekanntesten deutschsprachigen Liedermachern. Seine Texte sind oft sehr poetisch; zuweilen widmet er sich in sprachakrobatischer, skurriler Weise Alltagsthemen wie Klempnern, Formularen und kalten Büfetts.

Ich weiß ein Haus

Dieses Stück ist ein Tango aus dem Musical „Herz im Pyjama" (1954). Der originale Text lautet:

> I know a dark secluded place,
> a place where no one knows your face,
> a glass of wine a fast embrace.
> It's called Hernando's Hideaway, olé.
> All you see are silhouettes
> and all you hear are castanets
> and no one cares how late it gets,
> not at Hernando's Hideaway, olé.
>
> At the Golden Fingerbowl or any place you go
> you can meet your uncle Max and
> everyone you know.
> But if you go to the spot that I am thinking of
> you will be free, to gaze at me
> and talk of love.
>
> Just knock three times and whisper low
> that you and I were sent by Joe.
> Then strike a match and you will know
> you're in Hernando's Hideaway, olé.

Kiss, Kiss (Şımarık)

„Kiss, Kiss" ist die englische Fassung des türkischen Popsongs „Şımarık" von *Tarkan*. Tarkan (geb. 1972) ist ein in Deutschland geborener, international bekannter Popmusiker. Der türkische Text lautet:

Takmış koluna elin adamını
Beni orta yerimden çatlatıyor
Ağzında sakızı şişirip şişirip
Arsız arsız patlatıyor

Belki de bu yüzden vuruldum
Sahibin olamadım ya
Sığar mı erkekliğe seni şımarık
Değişti mi bu dünya

Çekmiş kaşına gözüne sürme
Dudaklar kıpkırmızı kırıtıyor
Bi de karşıma geçmiş utanması yok
İnadıma inadıma sırıtıyor

Biz böyle mi gördük babamızdan
Ele güne rezil olduk
Yeni adet gelmiş eski köye vah
Dostlar mahvolduk

Seni gidi fındıkkıran
Yılanı deliğinden çıkaran
Kaderim püsküllü belam
Yakalarsam muck muck

Ocağına düştüm yavru
Kucağına düştüm yavru
Sıcağına düştüm yavru
El aman

Knockin' on heaven's door

Bob Dylan (siehe S. 18) schrieb dieses Lied für den Western „Pat Garrett jagt Billy the Kid" (1973). Das Stück zählt zu den bekanntesten Rock-Songs und wurde von zahlreichen Interpreten gecovert, darunter *Eric Clapton* und *Guns N' Roses*.

Let's twist again

Chubby Checker (geb. 1941), eigentlich Ernest Evans, ist ein US-amerikanischer Rock 'n' Roll-Sänger (chubby = mollig). Er war zu Beginn der 1960er Jahre weltweit sehr erfolgreich mit Songs über den Twist, einem Tanz. Checker, auch „King of twist" genannt, war maßgeblich daran beteiligt, dass sich der Twist schnell zu einem internationalen Modetanz entwickelte.

Mamma mia

Die schwedische Popgruppe *ABBA* wurde 1971 gegründet und löste sich 1982 auf. Ihr Name setzt sich aus den Anfangsbuchstaben der Gruppenmitglieder zusammen. 1974 gewann sie mit „Waterloo" den Grand Prix Eurovision de la Chanson (heute: Eurovision Song Contest). ABBA hatte eine Vielzahl eingängiger Hits und war eine der erfolgreichsten Popgruppen der 1970er-Jahre. Seit den 1990er-Jahren werden viele ABBA-Songs gecovert. Zum Erfolg der

ABBA-Lieder trug das Musical „Mamma Mia!" (1999) bei, das viele bekannte ABBA-Hits enthält. Das Musical wurde 2008 verfilmt.

Männer

Herbert Grönemeyer (geb. 1956) ist ein deutscher Rocksänger, Liedtexter, Komponist und Produzent. In den 1970er- und frühen 1980er-Jahren arbeitete er auch als Schauspieler. Seinen ersten großen Erfolg als Musiker hatte Grönemeyer 1984 mit dem Album „4630 Bochum" und der Single-auskopplung „Männer". Grönemeyers Texte sind oft sozialkritisch. Charakteristisch für ihn ist auch sein soziales Engagement. Sein Album „Mensch" (2002) verkaufte sich 3,7 Millionen Mal (bis 2011) und ist damit das wirtschaftlich erfolgreichste in Deutschland.

Mein kleiner grüner Kaktus

Die *Comedian Harmonists* waren ein international bekanntes deutsches Vokalensemble, bestehend aus fünf Sängern und einem Pianisten. Es wurde 1927 in Berlin gegründet. Charakteristisch sind die oft witzigen Texte, reichhaltige Harmonik und häufige Stellen mit Falsettierung. 1935 erhielt die Gruppe wegen drei jüdischer Mitglieder Auftrittsverbot, worauf sie auseinanderging.

My lullaby (All night, all day)

„All night, all day" ist ein Spiritual mit folgendem originalen Text:

All night, all day, angels watchin' over me, my Lord.
All night, all day, angels watchin' over me.

1. Day is dyin' in the west, angels watchin' over me, my Lord.
Sleep, my child, and take your rest, angels watchin' over me.

2. Now I lay me down to sleep, angels watchin' over me, my Lord.
Pray the Lord my soul to keep, angels watchin' over me.

Die Melodie in diesem Songbuch entspricht nicht der originalen.

Night fever

Die *Bee Gees* (Abkürzung für Brothers Gibb) waren eine australisch-britische Popgruppe. Sie bestand aus den Brüdern Barry (geb. 1946) sowie den Zwillingen Robin (geb. 1949) und Maurice (1949–2003). Bereits als Kinder standen sie auf der Bühne und wurden in den 1960-Jahren mit Popballaden erfolgreich. Nach einer Trennung 1969 vereinigten sie sich 1975 erneut. Mit ihrem Falsettgesang wurden sie prägend für den Disco-sound der ausgehenden 1970er-Jahre.
„Night fever" entstammt dem Soundtrack zum Film „Saturday night fever", der zu den meist-verkauften in den USA gehört. „Saturday night fever" wird seit 2002 auch als Musical aufge-führt.

Non, je ne regrette rien

Edith Piaf (1915–1963) war eine weltweit bekannte französische Chanson-Sängerin. „Non, je ne regrette rien" (Nein, ich bereue nichts) wurde durch Piaf 1960 bekannt. Es passt zu ihrem intensiven Leben, da sie Affären mit zahlreichen Berühmtheiten und Chansonniers hatte.

Over the rainbow

Das Lied stammt aus dem Film-Musical „The Wizard of Oz" (Der Zauberer von Oz) von 1939. Das Musical beschreibt die Abenteuer eines Mädchens, das mit drei eigenartigen Gesellen eine böse Hexe bezwingt.

Pastime paradise (Gangsta's paradise)

Stevie Wonder (geb. 1950), eigentlich Steveland Judkins, ist ein US-amerikanischer Sänger, Texter, Komponist, Multiinstrumentalist und Produzent. Er kam blind zur Welt und galt als musikalisches Wunderkind. Wonder kombiniert Soulmusik mit Jazz, Rock, Funk und Reggae. Viele seiner Stücke der 1960er-Jahre wurden zu Hits. In den 1970er-Jahren war er einer der erfolgreichsten Soul- und Popmusiker.

1995 verfasste *Coolio* (geb. 1963) eine Rap-Version des Stückes mit dem Titel „Gangsta's Paradise". Das Stück wurde sehr erfolgreich und auch in verschiedenen Filmen verwendet. Der Text lautet:

1. As I
walk through the valley of the
shadow of death I take a
look at my life and rea-
lize there's nothing left. 'Cause
I've been blasting and
laughing so long that
even my momma thinks that my
mind has gone. But I
never crossed a man that
didn't deserve it, me be
treated like a punk, you
know that's unheard of. You
betta watch how ya talking,
and where ya walking. Or
you and your homies might be
lined in chalk. I
really hate to trip but I
gotta lob. As they
croak, I see myself in the
pistol smoke. Fool,
I'm the kinda g that little
homies wanna be like, on my
knees in the night, saying
prayers in the street light.

gesungen:
||: We've been spending most our lives

living in a gangsta's paradise. :||

||: We keep spending most our lives

living in a gangsta's paradise. :||

gerappt:
2. Look
at the situation, they
got me facing. I can't
live a normal life, I was
raised by the state. So I
gotta be down with the
hood team. Too much
television watching, got me
chasing dreams. I'm an
educated fool with
money on my mind. Got my
ten in my hand and a
gleam in my eye. I'm a
locked out gangsta,
set tripping banger. And my
homies is down, so don't a-
rouse my anger. Fool,
death ain't nothing but
heart beat away. I'm living
life do or die,
what can I say? I'm
twenty-three now, will I
live to see twenty-four? The
way things is going I don't
know.

gesungen:
Tell me why are we
so blind to see that the
ones we hurt are
you and me?

||: We've been spending most our lives
living in a gangsta's paradise. :||
||: We keep spending most our lives
living in a gangsta's paradise. :||

gerappt:
3. Power in the money,
money in the power,
minute after minute,
hour after hour
everybody's running, but
half of them ain't looking. It's going
on in the kitchen; but
I don't know what's cooking. They
say I gotta learn, but no-
body's here to teach me. If
they can't understand it,
how can they reach me?
I guess they can't,
I guess they won't,
I guess they front, that's why I know my
life is out of luck, foo!

gesungen:
||: We've been spending most our lives
living in a gangsta's paradise. :||
||: We keep spending most our lives
living in a gangsta's paradise. :||

||: Tell me why are we
so blind to see
that the ones we hurt
are you and me? :||

Pata pata
Miriam Makeba (1932–2008) war eine südafrika-
nische Sängerin und eine Vertreterin der Welt-
musik. Sie kämpfte gegen die Apartheid-Politik
in Südafrika und setzte sich für Menschenrechte
und Völkerverständigung ein. „Pata pata" wurde
1957 von Makeba in Südafrika veröffentlicht, 1967
in den USA.
Der Liedtext in der südafrikanischen Sprache
Xhosa ist eine Aufforderung zum Tanz. „Pata"
bedeutet übersetzt „berühren".

Poppa's Blues
Das Lied stammt aus dem Musical „Starlight Express" (1984) des Briten Andrew Lloyd Webber
(geb. 1948). Lloyd Webber ist einer der bekanntesten Musical-Komponisten des 20. Jahrhunderts. Zu seinen beliebtesten Musicals gehören
„Jesus Christ Superstar" (1970), „Cats" (1981),
„Starlight Express" (1984) und „Phantom of the
Opera" (1986).

Qué será
Die amerikanische Schauspielerin *Doris Day* sang
dieses Lied im Alfred-Hitchcock-Film „Der Mann,
der zu viel wusste".

Quien será (Sway)
Das Stück wurde in der spanischen und eng-
lischen Version oft gecovert, darunter von *Dean
Martin* und den *Pussycat Dolls*. Der englische
Text lautet:

When marimba rhythms start to play
dance with me, make me sway.
Like a lazy ocean hugs the shore
hold me close, sway me more.
Like a flower bending in the breeze
bend with me, sway with ease.
When we dance you have a way with me
Stay with me, sway with me.

Other dancers may be on the floor,
dear, but my eyes will see only you.
Only you have that magic technique.
When we sway I go weak.

I can hear the sounds of violins
long before it begins.
Make me thrill as only you know how,
sway me smooth, sway me now.

Ruby tuesday
Die *Rolling Stones* sind eine britische Rockgruppe
um den Sänger und Komponisten Sir Mick Jagger
(geb. 1943). Die Gruppe wurde 1962 in London
gegründet und zählt zu den langlebigsten Rockbands. Die Rolling Stones waren in den 1960er-
Jahren Symbolfiguren der rebellischen Jugend-
kultur. Das Logo der Rolling Stones, der rote
Mund mit herausgestreckter Zunge, ist weit ver-

breitet. Die Gruppe hatte 2011 über 200 Millionen
Tonträger verkauft und gehört zu den erfolgreichsten Rockbands weltweit.

Sunrise, sunset
Das Stück stammt aus dem Musical „Fiddler on
the roof" (Der Fiedler auf dem Dach) aus dem
Jahr 1964. Unter dem Titel „Anatevka" wurde es
1971 verfilmt. Es handelt von einer jüdischen Fa-
milie, die in Russland um 1905 im Dorf Anatevka
ihre traditionellen Vorstellungen verändern.

Volare
Der englische Text lautet:

Sometimes the world is a valley of heartaches
and tears.
And in the hustle and bustle no sunshine ap-
pears.
But you and I have our love always there to
remind us.
There is a way we can leave all the shadows
behind us.

Volare, oh, oh! Cantare, oh, oh, oh, oh!
Let's fly way up to the clouds, away from the
maddening crowds.
We can sing in the glow of a star
that I know of
where lovers enjoy peace of mind.
Let us leave the confusion and all disillusion
behind.
Just like birds of a feather a rainbow together
we'll find.

Volare, oh, oh! Cantare, oh, oh, oh, oh!
No wonder my happy heart sings:
your love has given me wings.

We are the champions / We will rock you
Queen ist eine britische Rockgruppe, die 1970
u. a. vom Sänger und Bandleader Freddie Mercury
(1946–1991) gegründet wurde. Charakteristisch
für sie sind pathetische und kunstvolle Gesangs-
Arrangements. 2002 entstand das Musical „We
will rock you" mit Hits von *Queen*.

Wind of Change
Die *Scorpions* sind eine 1965 gegründete erfolg-
reiche deutsche Rockband. „Wind of change"
wurde im November 1990 veröffentlicht. Das
Stück thematisiert die weltpolitischen Verände-
rungen um 1990. Es war weltweit eine der erfolgreichsten Singles des Jahres 1991.

X-mas
Im englischen Sprachraum steht der Buchstabe X
oft anstelle des Wortes „Christ" bzw. „Christus".
Das X hat sich aus dem griechischen X (chi) ent-
wickelt, das bei den frühen Christen wegen seiner
Kreuzform eine ähnliche symbolische Bedeutung
hatte.

Yellow Submarine
Die *Beatles* waren eine britische Rockband, bestehend aus John Lennon (1940–1980), Paul Mc-

Cartney (geb. 1942), George Harrison (1943–2001) und Ringo Starr (geb. 1940). Die Gruppe wurde 1959 gegründet und löste sich 1970 auf. Die *Beatles* gelten als eine der berühmtesten und einflussreichsten Popbands der 1960er-Jahre. Zu Beginn ihrer Entwicklung waren sie stark vom Rock 'n' Roll geprägt und nahmen im Verlauf ihrer Entwicklung Elemente von Folk, Country, indischer und klassischer Musik auf. Nach der Auflösung der Gruppe traten die Mitglieder einzeln oder in anderen Gruppen auf.

Die *Beatles* haben bis 2003 rund 1,3 Milliarden Tonträger verkauft und gehören somit zu den kommerziell erfolgreichsten Bands aller Zeiten. Auch ihre Filme beeinflussten die Popkultur. Das Lied „Yellow Submarine" entstand 1966 und wurde 1968 zum Titel eines Zeichentrickfilms, in dem die *Beatles* die Hauptfiguren sind.

Yes oui ken
Der Text dieses Liedes besteht nur aus dem Wort „ja" in verschiedenen Sprachen: yes (englisch), oui (französisch), ken (hebräisch), po (albanisch), sim (portugiesisch), igen (ungarisch), tak (polnisch) , taip (litauisch), hai (japanisch), haan (hindi), shi (chinesisch), chai (thailändisch), evet (türkisch), kyllä (finnisch), da (russisch, kroatisch, bulgarisch etc.), bale (persisch), are (kurdisch), ja (deutsch, niederländisch, dänisch etc.), ano (tschechisch), nä (griechisch), si (spanisch, italienisch etc.), a (arabisch), ita (lateinisch), ayo (armenisch), oo (philippinisch), ha (bengalisch, sanskrit).

Aussprachehilfen für den italienischen Text:

– *ei* wie *ä-i; eu* wie *e-u*
– *c* vor *a, o, u* und Konsonanten wie deutsches *k; c* vor *e* und *i* wie *tsch; che* wie *ke, chi* wie *ki; cia* wie *tscha, cio* wie *tscho, ciu* wie *tschu*
– *g* vor *a, o, u* und Konsonanten wie deutsches *g; g* vor *e* und *i* wie *dsch* (stimmhaft); *ghe* wie *ge, ghi* wie *gi; gia* wie *dscha, gio* wie *dscho, giu* wie *dschu; gl* wie *lj; gn* wie *nj*
– *h* wird nicht ausgesprochen
– *qui* wie *ku'i*
– *sc* vor *a, o* und *u* wie deutsches *sk; sc* vor *e* und *i* wie deutsches *sch; scia* wie *scha, scio* wie *scho, sciu* wie *schu; sch* (nur vor *e* und *i*) wie *sk*

Aussprachehilfen für den spanischen Text:

– *ie* wie *i-e*
– *c* vor *i, e* wie stimmloses *th* im Englischen; *c* vor *a, o* und *u* wie *k; ch* wie *tsch*
– *g* vor *a, o, u* und Konsonanten wie deutsches *g; g* vor *e* und *i* wie deutsches Gaumen-*ch* (z. B. in *ach*)
– *h* wird nicht ausgesprochen
– *j* wie *ch* (z. B. in *ach*)
– *ll* wie *lj*
– *ñ* wie *nj*
– *qu* wie *k*
– *r/rr* ist ein gerolltes Zungen-*r*
– *s* ist immer stimmlos
– *z* wie englisches *th*

Akkordsymbole

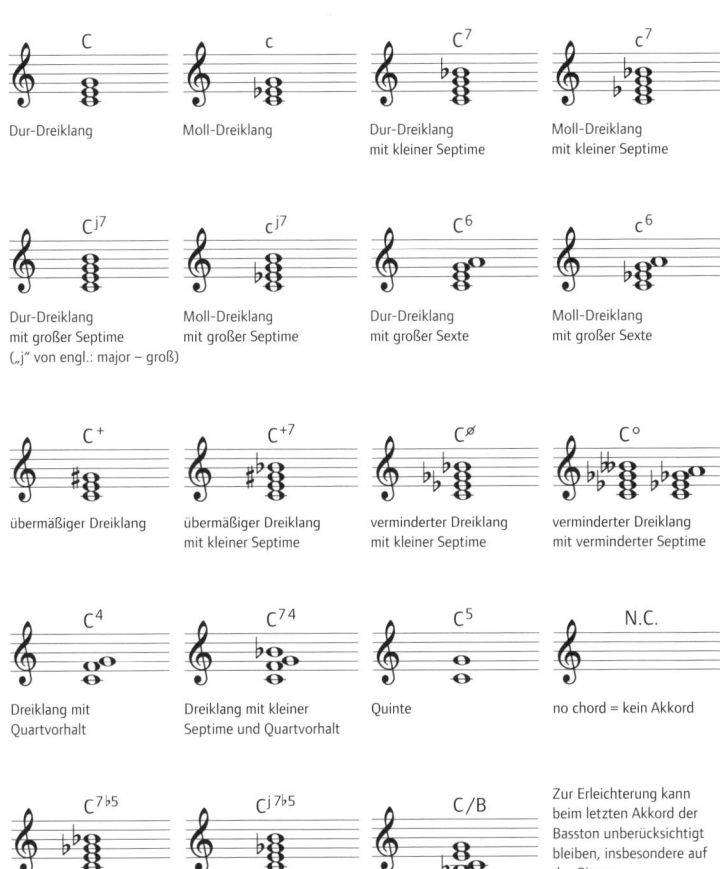

Dur-Dreiklang

Moll-Dreiklang

Dur-Dreiklang
mit kleiner Septime

Moll-Dreiklang
mit kleiner Septime

Dur-Dreiklang
mit großer Septime
(„j" von engl.: major – groß)

Moll-Dreiklang
mit großer Septime

Dur-Dreiklang
mit großer Sexte

Moll-Dreiklang
mit großer Sexte

übermäßiger Dreiklang

übermäßiger Dreiklang
mit kleiner Septime

verminderter Dreiklang
mit kleiner Septime

verminderter Dreiklang
mit verminderter Septime

Dreiklang mit
Quartvorhalt

Dreiklang mit kleiner
Septime und Quartvorhalt

Quinte

no chord = kein Akkord

hartverminderter
Dreiklang mit kleiner
Septime

hartverminderter
Dreiklang mit großer
Septime

Dreiklang C über dem
Basston B

Zur Erleichterung kann
beim letzten Akkord der
Basston unberücksichtigt
bleiben, insbesondere auf
der Gitarre.

Liedverzeichnis nach Sinngebieten

Engagement für eine andere Welt

Abschied

As time goes by

Bald ist Weihnachten

Verschiedenes

Copyrights

88: 1934 by Editions Choudens, Paris/Für D/A/ CH/CZ/PL/H: Wiener Bohème Verlag/Universal/MCA Music Publishing GmbH, Berlin; **90:** 1984 EMI Music Publishing Ltd./Für D/A/ CH/Osteuropa: EMI Music Publishing Germany GmbH Hamburg; **91:** Blue Sky Rider Songs/TCF Music Publ. Inc./Fox Film Music Corp./Rondor Musikverlag GmbH, Berlin/EMI Music Publishing Germany, Hamburg; **92 o:** Herausgeber; **92 u:** Editions Musicales Eddie Barclay/Jeune Musique/Edition Marbot GmbH, Hamburg; **94:** Crompton Songs, Gibb Brothers Music/Neue Welt Musikverlag GmbH, Hamburg/Music Edition Discoton GmbH, Berlin; **96:** Chappell & Co. KG, Hamburg/S.E.M.I Societe/Ralph Maria Siegel Musik-Edition Nachfolger GmbH & Co. KG, München; **97:** 1938 EMI Catalogue Partnership and EMI Feist Inc. USA worldwide print righs controlled by Warner Bros Inc. USA; **98:** Black Bull Music Inc./EMI Music Publishing Germany GmbH & Co. KG Hamburg; **100:** 1967 Budde Songs Inc./Abekam Music. Für D/A/CH: Nordton Musikverlag GmbH, Berlin; **101:** The Really Useful Group Ltd./The Really Useful Group, Germany/Universal Music Publ. GmbH, Berlin; **102:** 1964 by Wonderland Music Co. Inc./Für D/A/CH: Neue Welt Musikverlag GmbH, Hamburg; **104:** 1968 by Jondora Music, Oakland/ USA, Musikverlag Intersong GmbH, Hamburg; **105:** 1985 by J. Livingston and St. Angelo Music L.A./Für D/A/CH: Melodie der Welt J. Michel KG, Frankfurt/Neue Welt Musikverlag GmbH, München; **106:** 1953 by Editorial Mexicana De Musica Internacional, Mexico/PEERMUSIC (Germany) GmbH, Hamburg; **107:** GNG MUSICA SLR/Z-MUSIC, SONY/ATV Music Publishing Germany, Berlin; **108:** Myers-Music Inc./Edition Kassner & Co. Musikverlag, Inzlingen; **109:** 1958 Saint Nicholas Music Inc./Chappell & Co GmbH, Hamburg/Für D/GUS/Osteuropa: Chappell & Co. KG, Hamburg; **110:** EMI Music Publishing Germany GmbH & Co. KG, Hamburg/Universal Music Publ. GmbH, Berlin; **112:** 1967 by Mirage Music Ltd., London/Für D/A/CH: Essex Musikvertrieb GmbH, Hamburg; **113:** Union Songs/ Sweden Music. Für D/A/CH: Universal Music Publ. GmbH, Berlin; **114:** Appleby Music Ltd./ Martin Cherrytree Music/Songs of Universal Inc./Musik Edition Discoton GmbH, Berlin/Universal Music Publ. GmbH, Berlin; **115:** 1960 by Warner Chappell Music Inc. USA. Für D/GUS/

Osteuropa: Chappell & Co. KG, Hamburg; **116:** EMI Music Publishing Germany GmbH & Co. KG, Hamburg; **118:** Universal Music Publishing Ltd./Universal Musik Publ. GmbH/MCA Music GmbH, Berlin; **120:** Almo-Music Corp./Ferry Hill Songs/Mr. Spock Music/Rainbow Fish Publ./ Warner-Tamerlane Publ. Co./Neue Welt Musikverlag GmbH, Hamburg/Rondor Musikverlag GmbH, Berlin; **122:** Fox Fanfare Music Inc./Neue Welt Musikverlag GmbH, Hamburg; **123:** Nelstar Publishing/R Rated Music/EMI April Music, EMI Music Publishing Germany GmbH & Co. KG, Hamburg; **124:** Timothy James Rice-Oxley/Musik Edition Discoton GmbH, Berlin; **126:** Neue Welt Musikverlag GmbH, Hamburg; **129:** Jerry Leiber Music/Mike and Jerry Music Llc./Mike Stoller Music/Melodie der Welt J. Michel KG Musikverlag, Frankfurt/M.; **130:** 2002 Heikes Kleiner Musikverlag GmbH, Düsseldorf; **132 o:** Herausgeber; **132 u:** Champion Music Corp./Screen Gems EMI Music Inc./Universal Music Publ. GmbH/ MCA Music GmbH, Berlin; **133:** Herausgeber; **134:** by Westminster Music Ltd./Für D/A/CH: Essex Musikvertrieb GmbH, Hamburg; **136:** Jerry Bock Enterprises Ltd./The Times Square Music Publications Company/Musikverlag Intersong GmbH & Co. KG, Hamburg; **137:** Herausgeber; **138:** 1924 by Harms Inc., New York. Für D/A: Rolf Budde Musikverlag GmbH, Berlin; **140:** Blue Sky Rider Songs/E C-Music/Rondor Musikverlag GmbH, Berlin/Neue Welt Musikverlag GmbH, Hamburg; **142:** Memory Lane Music Ltd. Für D/A/CH: Melodie der Welt, J. Michel KG Musikverlag Frankfurt/Main; **144:** 1980 by Harth MV Leipzig. D: Gemeinschaftsprod. mit Musik-Edition Discoton, München; **146:** Ed. Musicales LiMinotaure (France) Polygram MusicSARL. Für D/A/CH: Universal Music Publ. GmbH, Berlin; **148:** EMI Music Publishing Germany GmbH & Co. KG, Hamburg; Sony/ATV Music Publishing Germany, Berlin/Imagem Music GmbH, Hamburg; **150:** Dayglow NV Muziekuitgeverij/Nada Music GmbH, Hilversum; **151:** 1958 by Edizioni Curci S.r.l., Milano/Curci Germany GmbH; **152:** Ambulanz Musikverlag – Annette Humpe/Aquarium Edition; **154:** Green Daze Music/W B Music Corp/Neue Welt Musikverlag GmbH, Hamburg; **155:** Cäsar music Peter Gläser, Leipzig/Kurt Demmler; **156:** Harlekijn Holland B.V./Universal Music Publ. GmbH, Berlin; **157:** Herausgeber; **158:** 1985 by Mijac Music/Brockman Music/

Brenda Richie Publ. Für D/CH/GUS/Osteuropa: Neue Welt Musikverlag GmbH, Hamburg; **160/161:** by Queen Music Ltd., London. Für D/A/CH, Osteuropa: EMI Music Publishing Germany GmbH, Hamburg; **162:** by Famous Music Corp./Giorgio Moroder Publ./Intersong USA Inc. Für D/GUS/Osteuropa: Musikverlag Intersong GmbH, Hamburg; **164:** Polygram Music Publishing Hungary Ltd./Universal Music Publ. GmbH, Berlin; **165:** Pri Music Inc./Universal Music Publ. GmbH, Berlin; **166:** by Abkco Music Inc. Für D/A/CH: Abkco Music Publishing GmbH, Hamburg; **167:** 1971 renewed 1999 Lenono Music & Ono Music. All rights reserved. Used by permission; **168:** Northern Songs Ltd. Maclen Joint Ltd./ Sony/ATV Music Publishing Germany; **169:** Scorpio Music Ste. Arl. Roba Music Verlag GmbH, Hamburg; **170:** Twin Bros, Belgien;

172: Ensign Music Corp./Famous Publ. Germany GmbH & Co. KG, Berlin; **174:** 1993 Edition Brausebeat/Musik Edition Discoton GmbH, Berlin; **179–183:** Herausgeber

Bildquellen

Cornelsen Verlagsarchiv/Promo-Pressebilder (4, 6, 9, 10, 12, 15, 18–20, 23–33); Getty Images (Cover), iStockphoto/Mr. Eckhardt (176); picture-alliance/dpa (1, 13, 17); Transglobe Agency, Hamburg (2, 22), set, München (3); picture-alliance/dpa/Revierfoto (5); picture-alliance/ZB/Thomas Schulze (7); picture-alliance/Eventpress (8); picture-alliance/abaca/Loona ENT (11); picture-alliance/akg-images (14); picture-alliance/Mary Evans Picture Library/Ronald Grant Archive (16); picture-alliance/landov/David Silpa (21)

Verzeichnis der Interpreten

Prinzipien der Notierung

Allgemeines zur Vorlage
Die Lieder sind gemäß dem offiziellen Video des bzw. der bekanntesten Interpreten notiert. Vorhandene Noten waren nicht immer genau. Bei Songs aus Musicals waren die originalen Noten maßgeblich.

Ablauf
Bei den allermeisten Liedern wurde der originale Ablauf beibehalten. Dabei wurden instrumentale Zwischenspiele zuweilen gekürzt, selten weggelassen. Originale Schlüsse, die kein Ausblenden sind, wurden beibehalten. Bei Schlüssen mit Ausblendung verfasste der Herausgeber einen stilistisch angemessenen Schluss, in der Regel mit Material aus dem Lied. Transpositionen um einen Ton aufwärts wurden nicht übernommen

Zum Text
Der Liedtext steht direkt unter den Noten, außer wenn die Zuordnung von Silben zu Tönen selbstverständlich ist. Bei einigen Stücken sind anderssprachige Texte bzw. ein Cover-Text in den „Texten und Erläuterungen zu den Liedern" abgedruckt (ab S. 188).

Notation bei mehreren Strophen
Melodische und/oder rhythmische Abweichungen bei verschiedenen Strophen sind entweder mit kleineren Noten notiert oder durch entsprechende Zuordnung der Silben zu den Noten.

Vereinfachung von Melodik und Rhythmik
Selten wurde aus Gründen der Singbarkeit der Rhythmus leicht vereinfacht, besonders bei der Notation von verschiedenen Strophen. Bei Liedern mit großem Stimmumfang sind Alternativnoten abgedruckt; die Originalnoten sind dann klein wiedergegeben.

Harmonik
Die Harmonik des originalen Liedes wurde beibehalten. Eine Ausnahme hiervon ist, dass aus Gründen der Vereinfachung immer Nonen weggelassen wurden. Dies war nur bei wenigen Liedern der Fall.
Einige Akkordsymbole des alten Songbuchs wurden durch neue ersetzt. Diese sind leicht lesbar und gut voneinander zu unterscheiden.

Tonarten
Die Tonarten wurden so gewählt, dass die Stücke in Mittellage möglichst bequem zu singen sind. Der tiefste vorkommende Ton ist ein kleines a, auch in der zweiten Stimme.

Mehrstimmigkeit
Drei Lieder sind ganz oder teilweise dreistimmig notiert. Die zusätzlichen Stimmen entstammen dem Original. Bei 13 Liedern wurde vom Herausgeber eine leichte zweite Stimme verfasst. Die Zweistimmigkeit kann leicht zur Dreistimmigkeit erweitert werden, indem die Unterstimme die Grundtöne der Akkorde singt.

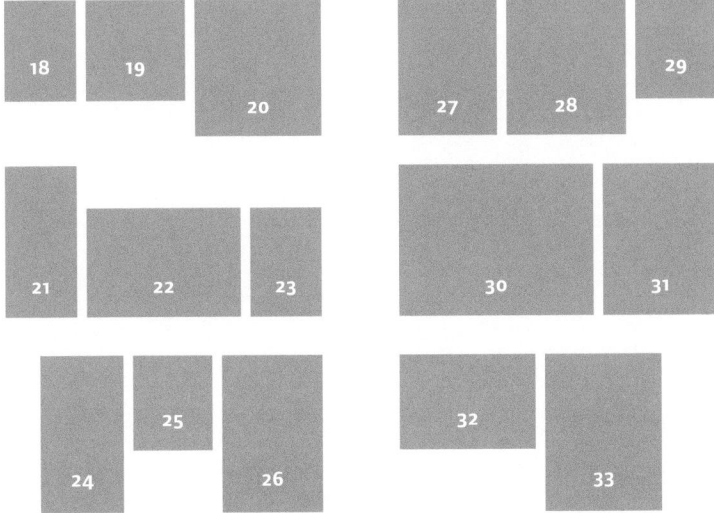